Hans - Günther Gellersen

Up den Hartslag kummt dat an

Hans - Günther Gellersen

Up den Hartslag kummt dat an

Der Bibelübersetzer Johannes Jessen (1880 – 1945)

Fromm Verlag

Impressum / Imprint
Bibliografische Information der Deutschen Nationalbibliothek: Die Deutsche Nationalbibliothek verzeichnet diese Publikation in der Deutschen Nationalbibliografie; detaillierte bibliografische Daten sind im Internet über http://dnb.d-nb.de abrufbar.
Alle in diesem Buch genannten Marken und Produktnamen unterliegen warenzeichen-, marken- oder patentrechtlichem Schutz bzw. sind Warenzeichen oder eingetragene Warenzeichen der jeweiligen Inhaber. Die Wiedergabe von Marken, Produktnamen, Gebrauchsnamen, Handelsnamen, Warenbezeichnungen u.s.w. in diesem Werk berechtigt auch ohne besondere Kennzeichnung nicht zu der Annahme, dass solche Namen im Sinne der Warenzeichen- und Markenschutzgesetzgebung als frei zu betrachten wären und daher von jedermann benutzt werden dürften.

Bibliographic information published by the Deutsche Nationalbibliothek: The Deutsche Nationalbibliothek lists this publication in the Deutsche Nationalbibliografie; detailed bibliographic data are available in the Internet at http://dnb.d-nb.de.
Any brand names and product names mentioned in this book are subject to trademark, brand or patent protection and are trademarks or registered trademarks of their respective holders. The use of brand names, product names, common names, trade names, product descriptions etc. even without a particular marking in this work is in no way to be construed to mean that such names may be regarded as unrestricted in respect of trademark and brand protection legislation and could thus be used by anyone.

Verlag / Publisher:
Fromm Verlag
ist ein Imprint der / is a trademark of
OmniScriptum GmbH & Co. KG
Heinrich-Böcking-Str. 6-8, 66121 Saarbrücken, Deutschland / Germany
Email: info@frommverlag.de

Herstellung: siehe letzte Seite /
Printed at: see last page
ISBN: 978-3-8416-0592-4

Copyright © 2015 OmniScriptum GmbH & Co. KG
Alle Rechte vorbehalten. / All rights reserved. Saarbrücken 2015

Inhaltsverzeichnis

Die Anfänge – Der Dorfpastor	5
Jugend und Studium	7
Die ersten Amtsjahre in Kosel	13
Im Ersten Weltkrieg	14
Die Wahl zur verfassungsgebenden Synode	19
Der plattdeutsche Prediger	22
Der äußere Anlass: die Nordschleswigfrage	33
Die theologische Grundlage: der „Hartslag"	35
Eine zunächst ablehnende Gemeinde	43
Veer plattdüütsche Predigt'n	46
Andere plattdeutsche Prediger jener Jahre	54
Der Domprediger zu Schleswig	63
Sünnenstrahln ut usen Herrgodd sin Welt	65
Jessens Krankheit ab 1924	69
Denk an den Fierabend	71
Pastor in Kiel	77
Öwersetten schull dat gor nich gewen	79
Jessen und Luther	81
Bemühungen um die Drucklegung	84
Dat Nie Testament in unse Moderspraak	100
Johannes Jessen während des Kirchenkampfes	105
Kleinere Schriften in den Jahren 1935–1938	113
Die Auswahl aus dem Alten Testament	120
Zur Auswahl des Alten Testamentes	130
Weitere literarische Pläne	137
Die letzten Lebensjahre (1940 – 1945)	139
Jessen post mortem – die Diskussion nach 1945	146
Schlussbetrachtungen	154
Anmerkungen, Schriften, Literaturverzeichnis	164
Außerliterarische Quellen	173

Meiner Ehefrau

Evelyn Gellersen, geb Zimmer

Vorwort

Der plattdeutsche Bibelübersetzer Johannes Jessen begleitet mich seit meiner Studienzeit in den Siebziger Jahren des vorigen Jahrhunderts. Die nun vorliegende kleine Monographie entstand aus der Beschäftigung mit dem Thema Plattdeutsch als Kirchensprache im Arbeitskreis „Plattdeutsch und Kirche an der Theologischen Akademie Celle". Es war vor allem mein verehrter Dozent, der Germanist und Schriftsteller Johann Dietrich Bellmann, dem ich sehr viel an Grundlagen verdanke, der mich auf Johannes Jessen aufmerksam machte. Er forderte und förderte das Entstehen dieses Buches, über den Theologen, der eigene Wege im Denken gegangen ist. Mein Dank gilt auch Prof. Dr. Wolfgang Sommer, bei dem ich Kirchengeschichte studierte und der uns in die Freiheit des eigenen Gestaltens und kirchenhistorischen Denkens führte.

Allerdings wäre dies Buch ohne meine Frau Evelyn nie druckreif geworden. Sie erinnerte mich ständig in homöopathischen Dosen an das Manuskript, übertrug den maschinenschriftlichen Text in eine Worddatei und begleitet dann die endgültige Fassung für die Drucklegung. Ihr widme ich „Up den Hartslag kummt dat an".

Das Manuskript war im Wesentlichen Ende 1978 fertig. Seither hat sich viel im Bereich Plattdeutsch in Kirche und Theologie getan, nicht zuletzt durch Pastor i.R. Dr. Heinrich Kröger. Interessanter Weise nichts Wesentliches zu Johannes Jessen. Warum ich mich nicht früher zur Veröffentlichung entschloss, hat viele Gründe. Mancher ermunterte mich, so auch Pastor i. R. Dr. Heinrich Kröger, dem ich hier für das Lesen der Korrektur danke. Ein glücklicher Zufall führte zur Verbindung mit dem Fromm Verlag, der den Verlag übernommen hat. Hier danke ich Tabea Bergner, die das Projekt dort betreut. Nicht zuletzt bedanke ich mich bei Sabine Schmonsees, die die Formatierung des Manuskriptes übernahm.

Kührstedt im Oktober 2015   Hans – Günther Gellersen

Die Anfänge

Der Dorfpastor

Johannes Jessen war Landpastor in Kosel im Kreis Eckernförde, hier fühlte er sich zeitlebens zu Hause, hier konnte er sich ganz einbringen. Sein Neffe Gerhard Schröder gibt eine treffende Schilderung dieses Landpfarrers: „So sehe ich ihn vor mir: mit ruhigen, gemessenen Schritten ging er durch den Pfarrgarten in Kosel; an den kleinen Obstbäumen blieb er stehen und prüfte mit behutsamer Hand, ob die ersten Früchte des Bäumchens schon reif waren; täglich machte er mit seiner Frau oder allein diesen Weg und zählte dann oft die Früchte, ob nicht Bubenhände einige von ihnen vorzeitig und lieblos abgerissen hatten."[1] Jessen liebte seinen Garten und hier schöpfte er neue Kraft für sein Amt. Aber er war kein Einzelgänger, schätzte die Gesellschaft und die Geselligkeit, konnte selber gut erzählen. „Er hatte viel Sinn für Humor und Witz, konnte andere vorzüglich nachmachen und, wenn er aufgelegt war, eine ganze Gesellschaft zum Lachen bringen."[2] Jessen hatte viele Freunde und Bekannte. Besonders junge Menschen schloss er schnell in sein Herz, konnte aber auch, ablehnend und selbstherrlich, wie er bisweilen war, verletzend über sie das Urteil: „Dieser junge Dachs!"[3] fällen.

Eine besondere Freundschaft verband ihn in den ersten Amtsjahren in Kosel mit Peter Gottfriedsen, dem Pastor des Nachbarortes Klein Brodersby jenseits der Schlei in der Propstei Südangeln. Dessen Frau schreibt hierzu in ihren Lebenserinnerungen: „Eine andere Bekanntschaft,.... aufregend und freundlich ..., war die von unserem Nachbarn in Kosel, Pastor Jessen und Frau. Sie begann, als Jessen dort gewählt wurde, im Jahr 1911 .Wir fanden bald großen Gefallen an diesem Umgang, um so mehr, als Peter so gut wie gar nicht mit den Amtsbrüdern seiner Propstei zusammen kam und wenig Freude hatte an den dortigen Konferenzen. Als er daher von Pastor Jessen aufgefordert wurde, an den Pastorenkonferenzen in Eckernförde teilzunehmen, griff er freudig zu und hat jahrelang an dieser monatlichen Zusammenkunft teilgenommen. Es wurde zur stehenden Regel, dass ich Peter begleitete."[4] So kamen auch die beiden Ehefrauen einander näher, sie schlossen Freundschaft. Während die Männer gemeinsam mit der Bahn nach Eckernförde fuhren, blieben ihre Frauen im Hause Jessen. Berta Gottfriedsen hat in ihren Lebenserinnerungen eine treffende Charakteristik der Häuslichkeit im Pastorat zu Kosel überliefert: „Ich verlebte mit Frau Jessen einen ruhigen, gemütlichen Tag und genoss sehr, mal einen ganzen Tag frei zu sein von Hausstand und Kinderlärm. Sie verstand es meisterhaft, Behagen und heitere Stimmung um sich zu verbreiten. Auch hatte sie, sogar in den schweren Jahren, immer ein kleines Festessen, guten Kaffee und Kuchen, ein reichliches Abendbrot auf dem Tisch. Beide aßen gern viel und gut; da wurden auch die Gäste gut bewirtet."[5]

Johannes Jessen liebte lange Spaziergänge. Hierbei bereitete er auch wesentliche Teile seiner Predigt vor. Sie entstanden, nach ausführlicher Vorarbeit, gewissermaßen vor Ort in seiner Gemeinde. Jessen hatte eine „große Gabe, zu beobachten und sich in das Denken, das Wesen, die Sorgen und Nöte einfacher Menschen hineinzuversetzen. Was er bei seinen Hausbesuchen in der Woche gesehen, beobachtet und gehört hatte, das kehrte dann bisweilen Sonntags auf der Kanzel wieder." [6] Die Predigt nahm Jessen sehr in Anspruch, ja, sie belastete ihn geradezu.

Sein Neffe Gerhard Schröder weiß sich zu erinnern: „Wenn Johannes Jessen sonntags morgens Gottesdienst hatte, wurden wir Kinder sorgsam von ihm ferngehalten, wir durften ihn nicht anreden, er ließ sich auch nicht sprechen, denn dann war er ganz mit seiner Predigt beschäftigt, auf deren Vorarbeit er viel Mühe und Liebe verwandte; ich sehe noch seine Predigtkonzepte, große Papierbogen, sauber bedeckt mit einer ganz kleinen Schrift. Bisweilen zeigte er mir, dem Neffen, die sauber geheftete Sammlung dieser Blätter voller Stolz. – War der Gottesdienst beendet und alles überstanden, dann war alle Spannung gelöst, alle Nervosität von ihm abgefallen."[7] Jessen war ein gern gehörter Prediger. Immerhin vermerkt sein Propst bei einer Visitation eine „gut besuchte Predigt"[8] und er bescheinigt dem Prediger, dass er viel Fleiß auf seine Predigt verwandt habe. Seine Kritik zielt allerdings darauf ab, ob die Predigt einer Landgemeinde wohl angemessen sei.

Ein weiterer Schwerpunkt seiner Arbeit in Kosel waren Hausbesuche und seelsorgerliche Gespräche, die besonders in den Kriegszeiten oft gewünscht wurden. Hierbei kam es Jessen zu statten, dass er Plattdeutsch von Kind auf an gelernt und gesprochen hatte, denn in Kosel wurde fast ausnahmslos Plattdeutsch gesprochen.

Jugend und Studium

Johannes Jessen wurde am 12. Dezember 1880 in Garding, einem kleinen Städtchen im damaligen Kreis Eiderstedt, geboren. Der Vater Carl Jessen war dort Gerichtsvollzieher. Er war ein stiller, gutmütiger Mann, etwas verschlossen und kaum zur Strenge gegen sich und andere fähig.
So ist es nicht verwunderlich, dass er sich in seinem Beruf nicht wohlfühlte. Die Strenge, die von ihm als preußischem Vollstreckungsbeamten gefordert war, lag ihm nicht. Er empfand

vielmehr den Schuldnern gegenüber Mitgefühl, und es tat ihm leid, mit einem Zahlungsbefehl an deren Haustür klopfen zu müssen. Mehrmals suchte er um Versetzung in andere Städte nach.

Sein Sohn Johannes wurde 1886 in Garding eingeschult. Anders als zahlreiche seiner Klassenkameraden musste er hier nicht erst die hochdeutsche Sprache erlernen, um dem Unterricht folgen zu können, denn im Hause seiner Eltern wurde mit den Kindern hochdeutsch gesprochen. Gleichwohl war ihm das Plattdeutsche von klein auf vertraut. Auf dem Schulhof und beim Spiel auf der Straße wurde von den Kindern plattdeutsch gesprochen. Die Umstellung auf eine neue Sprache blieb Johannes aber erspart und damit verbunden auch Anfangsschwierigkeiten in der Schule, wie sie häufig bei Kindern in Norddeutschland vorkamen. Johannes Jessen war ein in sich gekehrtes Kind, leicht isoliert von seinen Schulkameraden. Schuld daran war eine gewisse Leibesfülle, die er bereits als Kind hatte und die ihn hinderte, mit anderen Kindern herumzutollen. In späteren Jahren suchte Jessen vermehrt den Kontakt mit anderen Menschen, vielleicht, um die Kontaktarmut seiner Jugendzeit auszugleichen.

Am 1.Januar 1891 wurde Carl Jessen nach Apenrade in Nordschleswig versetzt. Johannes wechselte hier auf die Mittelschule, die er bis zur abermaligen Versetzung des Vaters nach Schleswig besuchte. Bereits nach vier Jahren in Apenrade wurde Carl Jessen erneut versetzt. Am 1.April 1895 zog die Familie nach Schleswig um. Hier wurde Johannes in die Domschule aufgenommen, die er ab Quarta besucht hat.

In Schleswig legte Johannes Jessen am 8.Februar 1902 die Reifeprüfung „unter Befreiung vom mündlichen Teil"[9] ab.

Nach dem Abitur hat sich Johannes Jessen für das Theologiestudium entschieden. Dieser Entschluss wurde von seinem Vater begrüßt; vielleicht war er froh, dass der Sohn nicht die Beamtenlaufbahn im Staatsdienst wählte. Die erste Universität, die Jessen besuchte, war Marburg. Hier immatrikulierte er sich zum Sommersemester des Jahres 1902. Er belegte in seinen beiden Marburger Semestern vor allem biblische Exegese und wurde hier maßgeblich von den Professoren Adolf Jülicher und Johannes Weiß beeinflusst, die ihn exegetische Gründlichkeit im Umgang mit den Texten lehrten. Seine spätere Arbeit legt hiervon deutliches Zeugnis ab, denn Jessen hat immer bei seiner Übersetzungstätigkeit auf eine gründliche und genaue Exegese geachtet. Nach dem Wintersemester 1902/03 verließ Jessen Marburg und besuchte nun die nächsten sieben Semester die Universität Kiel. Im ersten Semester widmete er sich vorwiegend der Philosophie und Dogmatik und belegte nur ein exegetisches Seminar und eine Übung. Daneben besuchte er eine öffentliche Vorlesung bei Prof. Otto Baumgarten, dem Kieler Praktischen Theologen, über „Hauptfragen der heutigen Evangeliumsverkündigung"[10] In den folgenden Semestern wurden nun jeweils eine oder zwei Veranstaltungen bei Baumgarten von Jessen fest in sein Studium eingeplant, im Sommersemester 1905 studierte er sogar ausschließlich bei ihm.

Otto Baumgarten (1858 – 1934) war einer der „ meist befehdeten 'modernen Theologen'".[11] Seit 1894 hatte er den Lehrstuhl für praktische Theologie in Kiel inne. Zuvor war er Professor in Jena.

Baumgarten war ein Reformtheologe in seinem Fachbereich, darüber hinaus war er Mitbegründer des Evangelisch - Sozialen Kongresses, von 1912–1925 dessen Vorsitzender und in dieser Eigenschaft Mitglied der deutschen Friedensdelegation von 1919 in

Versailles. Er war ein entschiedener Gegner des um die Jahrhundertwende erneut aufkeimenden Antisemitismus in Deutschland. 1918 trat er in dieDemokratische Partei ein und war an der Neuregelung der kirchlichen Verhältnisse in der neuen Republik wesentlich beteiligt. Im Zusammenhang mit dieser Monographie kann nicht unerwähnt bleiben, dass sich Baumgarten auch mit der Frage niederdeutscher Bibeln befasst hat.

In einem Vortrag im Jahre 1898 stellt er bedauernd fest, dass der Neuauflage der Bugenhagenbibel durch Johannes Paulsen[12] leider aus weiteren Kreisen kein entsprechendes Bedürfnis entgegenkomme. „Wir haben uns daran gewöhnt, dass wir von ihm die Umgangssprache fernhalten."[13]

Baumgarten war bestrebt, die Aussagen der Bibel mit dem „modernen Bewusstsein"[14] in Einklang zu bringen, beides wollte er miteinanderverbinden. Jessen zeigte in einigen Punkten eine derart starke Anlehnung an Baumgarten, dass es unumgänglich ist, diese Aussagen zu biblischen Textübersetzung bei Baumgarten kurz zu skizzieren.

Zum wichtigsten zählte Baumgarten, „dass man frei über den Texten steht, so ihr innerstes Lebensgesetz, ihren Trieb und Grundton und Grundsatz erfasst und dann erst die Übersetzung in das eigene, gegenwärtige Charakterleben unternimmt." Nur so können Antworten der Bibel zu Antworten auf Fragen und Problemstellungen der Zeitgenossen werden.

Anderenfalls bleiben sie bei allen Bemühungen um Aktualität nur Scheinantworten, die gleichsam angelernt werden. Die Problematik der Mundarten und Regionalsprachen sah Baumgarten hier nicht, zumindest geht er in der Vorlesung nicht darauf ein. Allerdings impliziert eine „Übersetzung in das eigene, gegenwärtige Charakterleben" auch eine Übertragung in die je eigenen Sprachen.

Jessen hat dieses Bestreben dann in seinen Ausführungen über den „Hartslag" eines Textes wieder aufgenommen und für seine Arbeit der Übersetzung weitergeführt, ohne sich jedoch, wie die Analyse an anderer Stelle zeigen wird, ausdrücklich auf seinen Lehrer zu berufen.

In diese Zeit des Studiums in Kiel fällt die Hauslehrertätigkeit Jessens in Ascheberg, im Hause des Grafen Brockdorff – Ahlefeld. Jessen war „aus pekuniären Gründen"[15]. Es war allerdings zu jener Zeit nicht ungewöhnlich, dass ein junger Theologe vor Antritt seines ersten Amtes Hauslehrer wurde. Ungewöhnlich ist es jedoch, dass nebenher ein Seminar an der Universität besucht wird, wie es Jessen getan hat. In seinen Lebenslauf, den er bei seiner Bewerbung um Aufnahme in den Kandidatenstand der Schleswig – Holsteinischen Landeskirche eingereicht hatte, verschwieg Jessen denn auch diese Doppelung. In den seinem Kieler Universitätsabgangszeugnis beigefügten Studienbescheinigungen ist der Besuch der Seminare in der WS/SS 04/05 testiert, so dass sie als wahrscheinlich gelten kann. Das Hauslehrerjahr in Ascheberg ist eine Zeit gewesen, an die sich Jessen in späteren Jahren nur höchst ungern erinnert hat, sei es, weil ihn die Art seiner Tätigkeit unbefriedigt ließ oder er sich nur schwer in den herrschaftlichen Haushalt einordnen konnte.[16] Mit Abschluss des Sommersemesters 1906 beendete Jessen seine Studien in Kiel.

Bis zum 1. Dezember 1907 lebte er dann bei seinen Eltern in Itzehoe, wohin die Familie nach der Pensionierung des Vaters zwischenzeitlich gezogen war. So meldete sich Jessen erst Anfang 1908 für die kirchlichen Examina bei seiner Landeskirche in Kiel. Als

Gründe für diese Verzögerung gibt er schwierige familiäre Verhältnisse an, die er aber „aus Gründen der Pietät" in seinem eingereichten Lebenslauf nicht weiter darlegt.

In Itzehoe lernte Jessen auch seine spätere Frau Hedwig Hildebrandt kennen. Sie war, vier Jahre älter als er, am 9. Juni 1876 als Tochter eines Rektors in Itzehoe geboren. Ihre Ausbildung zur Lehrerin hat sie im damaligen Lehrerinnenseminar in Augustenburg erhalten. Sie war eine „bedeutende und fromme Frau" [17] mit einer ausgezeichneten Bildung sowohl musischer als auch literarischer Prägung. Daneben hat sie sich zeitlebens eine gesunde Frömmigkeit bewahrt, die sie aber niemals exklusiv und intolerant für sich privat beanspruchte und übte, sondern an der sie bereitwillig jeden teilhaben ließ. In letzten Fragen des Glaubens und in der Abgrenzung gegenüber Pseudoreligionen, besonders in der Zeit des Kirchenkampfes, war sie allerdings von unerbittlicher Strenge. In dieser Zeit war sie konsequenter als ihr Mann, sie hielt sich entschlossener und vor allem aktiver durch häufige Besuche der Veranstaltungen zur Bekennenden Kirche. Dadurch ist sie Pastor Jessen in diesen Jahren, wie überhaupt in der gemeinsamen Zeit des Pfarramtes, zu einer großen Hilfe und Stütze geworden.

Am 7. und 15. Oktober 1908 legte Jessen nach entsprechender Vorbereitungszeit in Kiel vor der Landeskirchlichen Prüfungskommission das erste und zweite Examen mit dem Prädikat „fast gut" [18] ab. Danach besuchte er ein Jahr das Predigerseminar in Preetz. Hieran schloss sich vom 1. Oktober 1909 bis Ende September 1910 die Zeit als Lehrvikar in Meldorf/ Süderdithmarschen an. Am 13. Oktober 1910 wurde Jessen vom damaligen Generalsuperintendenten für Holstein, Ernst Wallroth, in der St. Nikolaikirche zu Kiel ordiniert. Jessen blieb hier ein halbes Jahr als Hilfsgeistlicher.

Die ersten Amtsjahre in Kosel

Im Frühjahr 1911, am 30. April, wurde der junge Pastor aus Kiel in sein Amt in Kosel durch Propst v. Fontenay eingeführt. Kosel ist Jessen recht eigentlich zur Heimat geworden. Hier unter den Bauern und Tagelöhnern empfing er entscheidende Anstöße für sein späteres Lebenswerk, die plattdeutsche Verkündigung.

Kosel, jenseits der Schlei gelegen, war ein Bauerndorf. Hier gab es keine großen Domänen oder Güter mit alteingesessenem Adel, auch keinen Bauernadel wie im Dithmarscher Land. Soziale Unterschiede bestanden in den Dörfern rund um die Schlei allerdings zwischen den Bauern und den Landarbeitern, die zum Teil in beträchtlicher Armut lebten. Die Unterschiede führten jedoch nicht zu größeren Spannungen innerhalb der Dörfer. Mittelpunkt des Ortes war die alte, aus Findlingen erbaute Wehrkirche mit ihrem großen Rundlingsturm. Jessen fand eine festgefügte dörfliche Gesellschaft vor, als er sein Amt übernahm. Bald darauf, am 9. Mai 1911, heiratete er seine Braut Hedwig. Beiden wurde in Kosel gegen Ende des Ersten Weltkrieges am 22. Juni 1918, als sie schon in fortgeschrittenen Jahren waren, ein erstes und einziges Kind, der Sohn Walter, geboren. Das Ehepaar Jessen erfreute sich in Kosel bald großer Beliebtheit. Beide gewannen ein offenes und herzliches Verhältnis zu ihren Gemeindegliedern, das keineswegs durch den etwas pfarrherrlichen Habitus Jessens gestört wurde. Hier war man wohl Ärgeres gewohnt. Hinzu kam, dass der Pastor ihre Sprache sprach. Bei vielen Hausbesuchen und Amtshandlungen in den Familien zeigte sich, wie wichtig das war.

Im Ersten Weltkrieg

Der hereinbrechende Weltkrieg brachte auch für Kosel und seinen Pastor einschneidende Veränderungen. Fast täglich wurden Männer an die Front befohlen. Jessen ging seiner Gemeinde in ihrer Bedrängnis durch Predigt und Seelsorge nach. Am 2. August, dem ersten Kriegssonntag, hält er wie gewohnt und doch anders den Gottesdienst: „Mir bangt vor der Predigt, - das Gefühl der Ohnmacht, der Unzulänglichkeit und Unwürdigkeit hält mich unwiderstehlich gepackt. Noch nie war der Mensch mir so nichtig erschienen, noch nie der Prediger so kraftlos. Und eins spürte ich auch: Wer heute zur Kirche wandert, kommt mit hungrigem Herzen. Heute sind mit einem Schlage die Aktien des Christentums an der Börse des Menschenlebens zu ungeahntem Wert empor geschnellt."[19] Erst in den Morgenstunden des Sonntags wurde seine Predigt fertig. Er hielt sie über das Thema: „Was können wir angesichts der drohenden Kriegsgefahr tun?" Die Predigt selbst ist leider nicht überliefert. Die Feier des Abendmahls schloss sich diesem Gottesdienst an. Jessen vermerkt, dass 27 Gäste, „fast ausschließlich gestellungspflichtige Reservisten mit ihren Angehörigen" (S. 24) hieran teilgenommen haben. Eine Aussegnung der künftigen Soldaten vor dem Altar beendete die Abendmahlsfeier.

An den folgenden drei Tagen hielt Jessen jeweils morgens um 7.00 Uhr Beicht- und Abendmahlsgottesdienst, die mäßig besucht waren. Daneben riefen zahlreiche Gemeindeglieder ihren Pastoren in diesen Tagen des beginnenden Krieges ins Haus, um Kinder der in den Krieg hinausziehenden Väter noch in deren Beisein taufen zu können oder um im Familienkreis das Abendmahl zu feiern.

Für den 5. August 1914 war durch Kaiser Wilhelm II. als summus episcopus nicht nur der Kirche der Altpreußischen Union, sondern auch der Schleswig – Holsteinischen Landeskirche, ein Betgottesdienst in allen Gebieten Preußens für morgens 9.00 Uhr angeordnet. „Der Kaiser befiehlt morgen Vormittag 9.00 Uhr Betgottesdienst. Alle müssen kommen!" (S.29) so lässt Jessen es am Vortag in den Dörfern seines Kirchspieles bekannt machen. Anschaulich, bildreich und auch ein wenig pathetisch berichtet Jessen hiervon. Mit gemischten Gefühlen ob des guten Erntewetters und des daraufhin wohl geringen Gottesdienstbesuches erwartete Jessen dessen Beginn. Doch „da kommen sie, die Sense über die Schulter, vom Felde." (S.30)Sein Küster berichtet ihm: "De Kark is all vull, un noch ümmer strömt dat hento." Und Jessen fährt fort: "Als ich um 9.00 Uhr das Gotteshaus betrete, ist's Wirklichkeit geworden: `Der König rief, und alle, alle kamen.` Die Plätze reichen nicht, viele müssen stehen." Jessen berichtet weiter, und dieser Bericht atmet deutlich das Pathos seiner Zeit: „Die Orgel ertönte – dumpf brausen die Klänge der Buße. Leise zittern die Stimmen der Klage durch die überfüllte Halle. Kein Lobgesang dringt über die Lippen. 'Aus tiefer Not schrei ich zu dir, Herr Gott, erhör mein Rufen –'. Das deutsche Volk demütigt sich vor dem allmächtigen Lenker der Schlachten. Es hungert nach seiner Gnade, nach seinem Trost, und Hände falten sich zum herzlichen Flehen auch bei denen, die sich des Betens längst entwöhnt hatten. Seufzer und Schluchzen mischen sich in den von tiefer Bewegung getragenen Gesang." (S.30) Die Predigt hielt Jessen über Römer 8,31 (Ist Gott für uns, wer mag wider uns sein?). Er hatte sie nicht schriftlich ausgearbeitet, wie es sonst seine Gewohnheit war, sondern hielt sie frei, „aus der Tiefe des Herzens geboren." Der Betgottesdienst schloss wiederum mit der Feier des Abendmahls: „Ein letzter Gang an des himmlischen Vaters Tisch, eine letzte Einkehr, ein letzter Abschluss des Lebenskontos, ein

Bissen und ein Trunk aus des Heilands Händen. Männer denen der Ernst und Kampf des Lebens an der Stirn geschrieben steht, Männer, deren Brust sich vor wenigen Tagen noch mit Plänen und Hoffnungen schwellte – alle beugen sich ergriffen vor dem heiligen Gott mit der Losung, bewusst und unbewusst: 'Was ich gefehlt, das decke zu, was ich noch leb, regiere du!'" (ebenda) Hinter diesen Zeilen verbirgt sich die Sorge um das Schicksal der Männer seiner Gemeinde, von denen viele nicht aus dem Krieg zurückkehren würden. Jessen wusste, welch schweren Abschied sie nahmen, dass es für viele schon heute ein Abschied für immer sein würde. Hier wollte er ihnen beistehen mit seelsorgerlichem Handeln, mit Predigt und Sakramentdareichung. Nie war ihm die Bürde seines Amtes, entkleidet aller Pfarrherrlichkeit, so schwer vorgekommen. Wenn seine Frau beurteilt: "Wie sind in diesen Tagen unsere jungen Männer innerlich gereift", so gilt dies auch für ihren sich erst kurze Zeit im Amt befindlichen Pastor. Zahlreiche Briefe seiner Gemeindeglieder von allen Schauplätzen des Krieges, die Jessen entweder persönlich oder durch gedruckte Rundbriefe beantwortete, legen Zeugnis vom guten Verhältnis Jessens zu seiner Gemeinde ab.

Die überwiegende Zahl der deutschen Geistlichen beider Konfessionen hielt den Krieg für eine Zeit der Bewährung, der positiven Prüfungen durch Gott. So auch Jessen. Er sah sich als Amtsträger der Kirche beauftragt, „dem deutschen Volke jene große, so ernste Zeit im Licht des Evangeliums zu deuten, Wege zu zeigen, um die Wirklichkeit Gottes in dem gewaltigen, oft rätselhaften Geschehen anbetend und in tiefer Beugung zu ehren, Gewissen zu schärfen, Opfer zu bringen und das große Herzeleid zu meistern." (S.114) Zunächst schienen die Gemeinden das Angebot der Kirche gerne in Anspruch zu nehmen, „das religiöse Leben erwachte mit vorher nie geahnter Wucht selbst in den unkirchlichen Gemeinden

Schwansens." (ebenda) Doch schon bald musste Jessen erkennen, „dass jenes Erwachen religiösen Sehnens bei nüchterner Betrachtung nur als ein langsam niederbrennendes Strohfeuer beurteilt werden darf." (ebenda) Aus Angst vor dem Unbekannten eines großen Kriegs nach 43 Jahren relativen Friedens hatten sich die Kirchen sonntags gefüllt, und mit der Gewöhnung und Einsicht an die Schrecken des Krieges leerten sie sich auch wieder. Schon ab September verzeichnete Jessen eine Stagnation des Gottesdienstbesuches seiner Gemeinde. Ähnlich verhielt es sich bei den Kriegsandachten, die Jessen in Kosel und im Augustdorf Loisenlund jeden Mittwochabend gehalten hat. Im August zählte Jessen 200 Gemeindeglieder, im November dagegen nur 15.

Aus einer der bei diesen Andachten gehaltenen Predigten, die Kriegsandachten waren mit Liedern und Versen unterbrochene Predigten, wird Jessens damalige politische Meinung deutlich. Sie unterschied sich nicht von der seiner Amtsbrüder, soll aber hier kurz erwähnt werden. Jessen war von der Gerechtigkeit der deutschen Kriegsführung überzeugt. Direkt bezieht er den 4. Psalm, eine Klage wider die Feinde, auf die Situation des kriegsführenden Deutschland. „ Vom Feinde umringt – im Osten gottlose Mordbrenner, im Westen rachsüchtige Neider, heuchlerische Friedensfreunde, jenseits der Nordsee der deutsche Bruder, dem Habsucht die Waffe Brudermord in die Hand drückte, ganz in der Ferne gelbe Schlitzaugen, die wie Aasgeier nur auf Deutschlands blutbefleckte Leichen lauern, um ihren Heißhunger zu stillen." (S.116) So fragwürdig die theologische Deutung des Psalmes heute ist, entsprach sie doch damaligem Selbstverständnis. Selbst ein Theologe vom Range eines Adolf von Harnack war von der Rechtmäßigkeit der deutschen Kriegsführung überzeugt. Von vornherein ist für Jessen der deutsche Soldat ein gerechter Kämpfer, der im Gegensatz zum Gegner „seine Klinge nicht befleckt". Die gesamte Predigt ist eine Rechtfertigung der Kriegsführung de Deutschen Reiches mit harten Attacken gegen seine Gegner .Noch eine Predigt vom 12. Januar 1919 ist hiervon bedingt bestimmt, wenn auch die Schärfe der Formulierung nachließ und der Tenor ein anderer wurde.[20] Jessen will in jener Predigt den heimgekehrten Soldaten über die Verluste des Krieges hinweg die nach seiner Meinung dennoch vorhandenen positiven Seiten des durchlittenen Elends bewusst machen. Die Heimat ist bei allen Kämpfen gewahrt worden, ja, sie kann für die aus dem Kampf geretteten als von Gott gegebene Heimat neuen Wert gewinnen. Hier zeichnet sich bereits eine Wende in Jessens theologischem Denken ab: Mit der von Gott gegebenen Heimat gilt es auch, den durch die Tradition der Heimat vermittelten Glauben zu behalten. Es ist Gottes Gnade, dass die Heimgekehrten nicht gefallen sind. Aus den im Krieg erfahrenen Leiden kann Gott erkannt werden. Der Glaube der Väter, der im Krieg von jedem Einzelnen schwer als sein persönlicher Glaube errungen worden ist, muss nun bewahrt werden. Ob allerdings die unvorstellbaren Leiden des Krieges wirklich zu einer individuellen Gotteserfahrung und nicht zum Gegenteil geführt haben, wollte Jessen nicht in den Blick nehmen. Seine Zeitdeutung ist hier einseitig.

Der Versailler Frieden wurde von Jessen als Ende der grausigen Schlachten zwar begrüßt, doch er konnte ihn inhaltlich nicht gutheißen. Zu groß waren für ihn die Demütigungen Deutschlands, die er mit sich brachte: Der Verlust der Kolonien, Elsass-Lothringens, Teile Ostpreußens, Oberschlesiens und dann später Nordschleswig. Daneben die umfangreichen Reparationszahlungen an die Alliierten, bei deren Nichterfüllung der Einmarsch in das Rheinland, dem einzig verbleibenden großen Industriegebiet des Deutschen Reiches. Jessen sah die Gefahren, die hier für die Innenpolitik, die Regierungskrisen und die sich bildende Legende, dass die Republikaner Schuld am Untergang Deutschlands gewesen seien. Er hat sich nie der Dolchstoßlegende angeschlossen, und er gab auch nicht der derzeitigen Regierung oder den Regierungen der Alliierten Schuld an den Wirren der zwanziger Jahre, sondern ahnte die unglücklichen Verstrickungen dieses sich für die Folgezeit noch verhängnisvoller auswirkenden Friedensschlusses.[21]

Die Wahl zur verfassungsgebenden Synode

Mit dem Ende des Deutschen Kaiserreiches änderte sich auch die politische Lage in Deutschland bekanntlich schlagartig. Nicht mehr der Monarch verkörperte den Staat, sondern eine Vielzahl politischer Parteien, Organisationen und Verbände übernahm dessen Funktion. Die nun den Staat tragenden Parteien sahen sich genötigt, neue Ordnungen für das Zusammenleben zu erarbeiten und den Staat auf die Grundlage einer neuen Verfassung zu stellen. Mit dieser neuen Verfassung fiel auch die enge Verbindung von Staat und Kirche, zum Teil von dieser begrüßt, da sie die Bevormundung der Kirche durch den Staat beendete und sie aus der Enge bürokratischer Herrschaft durch das Ministerium für Kultusangelegenheiten zum Eigenleben führte, zum Teil abgelehnt, weil sie, wie im Bereich des Schulwesens, wichtige Teile der Gesellschaft der Einflussnahme und Prägung im christlichen Geist durch die Kirche entzog. Auf jeden Fall sah die Kirche sich genötigt, die enge Verbindung durch Ministerium und Summepiskopat des Landesherren zu lösen und sich auf „demokratische Gegebenheiten"[22] einzustellen. So fanden 1920 allerorten die ersten unmittelbaren Wahlen zu verfassungsgebenden Synoden in den Landeskirchen statt. Auch in Schleswig-Holstein war dies der Fall.

Die Schleswig-Holsteinische Landeskirche war eine relativ junge Kirche. Erst nach dem Sieg Preußens im deutsch-dänischen Krieg 1864, in dessen Folge die schleswig-holsteinischen Gebiete als in Personalunion mit Dänemark verbunden von Preußen beansprucht wurden, bildete sich aus den verschiedenen Kirchengebieten eine einheitliche Landeskirche mit einem Konsistorium in Kiel und Bischöfen in Schleswig und Kiel. Die Schleswig-Holsteinische Landeskirche behielt auch in den Jahren nach der Annexion durch Preußen ihre Eigenständigkeit, sie wurde nicht dem Evangelischen Oberkirchenrat in Berlin unterstellt und konnte so, wenn auch zunächst unter Schwierigkeiten, ihren Lutherischen Bekenntnisstand gegen die Unionsbestrebungen Berlins als „Evangelisch-lutherische Kirche der Provinz Schleswig-Holstein" wahren, ähnlich der Hannoverschen Landeskirche, die buchstäblich am Vorabend der Annexion des Königreiches Hannover durch Preußen mit der Bildung des Landeskonsistoriums im Jahre 1866 gegründet worden ist.

Nach dem ersten Weltkrieg verlor die Schleswig-Holsteinische Landeskirche in Folge der Abtretung Nordschleswigs an Dänemark zahlreiche kirchlich lebendige Gemeinden. Natürlich wirkten die Niederlagen von 1918, die Revolution und die Gebietsabtretungen auf die Diskussion der verfassungsgebenden Synode ein. Hinzu kamen zahlreiche Kirchenaustritte, allein in Kiel binnen kurzer Zeit 20000[23], die die Männer der Kirche beunruhigten und verunsicherten.

Johannes Jessen war nun Spitzenkandidat der Gruppe „Alter Glaube" in seiner Propstei bei diesen ersten unmittelbaren Wahlen zur Synode. Viele Vorträge wurden in der Zeit des Wahlkampfes von ihm gehalten. Überhaupt war Jessen, nach Aussagen seines Freundes Moritzen, auf den Pastorenkonferenzen allein durch seine

Erscheinung, aber auch durch seine gute theologische Bildung, verbunden mit einem abgewogenen Urteil und dennoch fest vorgebrachter Meinung, eine führende Persönlichkeit.

Der Wahlkampf zur Synode war hart. Moritzen bemerkt dazu: „Die Zeit der neu aufblühenden Demokratie wirkte stark in die Art der Wahlen hinein. Nach meiner Erinnerung hießen die Parolen 'Alter Glaube' und 'Volkskirche' dort. Wie sollte man darüber auf öffentlicher Versammlung diskutieren." [24] Wie diese Diskussion zwischen Orthodoxen und Liberalen, den beiden großen kirchlichen Lagern im Lande, dann oftmals verlief, schildert Moritzen ebenfalls: "Das Schlimmste, was mir berichtet ist, ist folgender Dialog: 'Es ist mir schon das Wort orthodox unsympathisch, es erinnert mich an Ochsen, und so stur und wenig beweglich sind die Leute auf dieser Seite oft und auch geneigt zum Stoßen.' Dem Redner wurde flott gedient. (scil.: von der Gegenseite geantwortet) 'Und das Wort liberal erinnert mich stets an den Aal, der kann sich auch überall hindurchschlängeln, und will man ihn fassen, glitscht er einem aus den Händen.'" In diesem Wahlkampf hat sich Jessen sehr aktiv als Kandidat der Mitte, sich als Front zwischen den Fronten wissend, beteiligt, ohne jedoch jemals sich im Ton zu vergreifen.[25] Jessen wurde gewählt und nahm an der verfassungsgebenden Synode teil, die am 30.9.1922 die Grundordnung der Landeskirche verabschiedete.

Zu jener Zeit hatte sich der einstmals liberale Theologe Jessen bereits geändert. Will man ihn nun einer Richtung zuordnen, so kann sie mit den Worten seines Freundes als „ Neue Theologie des alten Glaubens"[26] bezeichnet werden. Es ist ein Versuch, die liberale mit der orthodoxen Theologie in Einklang zu bringen. Sie wurde vor allem durch den Schleswiger Generalsuperintendenten Theodor Kaftan (1847–1932), einem Bruder des Berliner

Systematikers Julius Kaftan, repräsentiert.[27] Hier fühlte sich Jessen als Theologe heimisch, die Mitte war sein Element, zumal wenn sie sich dabei auch noch als betont lutherisch empfand und ohne schroffe Abgrenzungen nach beiden Seiten hin Theologie trieb. Die Konturen dieser Theologie sind allerdings uneinheitlich und im letzten Grunde von einer merkwürdigen Indifferenz.

Der plattdeutsche Prediger

Bemühungen um plattdeutsche Verkündigung nach 1900

In der Reformationszeit war Plattdeutsch Amts- und Kirchensprache Norddeutschlands. Schon bald mit Beginn des 17. Jahrhunderts wurde Plattdeutsch jedoch durch die Hochsprache Wittenbergs aus der Öffentlichkeit in den Bereich des Häuslichen, des Profanen gedrängt. Lediglich vereinzelte Stimmen protestierten gegen das Verschwinden der Volkssprache Norddeutschlands aus dem Bereich der kirchlichen Verkündigung. Erst gegen Mitte und Ende des 19. Jahrhunderts mehrten sich diese Stimmen. So forderte unter anderem der niederdeutsche Schriftsteller Klaus Groth eine Neuausgabe der plattdeutschen Bibel Bugenhagens, die dann im Jahre 1885 durch den Kropper Pastor Johannes Paulsen[28] besorgt wurde. Sie fand allerdings nicht den erwarteten Anklang. Paulsen (1847–1916) zählte zu den ersten, die im vorigen Jahrhundert plattdeutsch predigten.

Nach der Jahrhundertwende setzten die Bemühungen um plattdeutsche Verkündigung zunächst zögernd, dann aber in der Kriegs- und Nachkriegszeit verstärkt ein. Es ist unmöglich, an dieser

Stelle alle Querverbindungen der einzelnen Prediger und Vereinigungen untereinander aufzuzeigen. Es gab sie auch teilweise gar nicht, oder sie liefen über Dritte. Die plattdeutschen Prediger waren „Einzelkämpfer", kaum irgendwo kooperativ arbeitend.

Drei Namen schälen sich dennoch aus dem vorliegenden Material heraus, die in besonderer Weise die Diskussion und die Bemühungen nach 1900 mit geprägt haben. Es sind Pastor Heinrich Hansen (1863–1940), Konventualstudiendirektor Paul Fleisch (1878–1962) und Pastor Friedrich Köhn (1863–1938).

Heinrich Hansen, geboren 1861 in Klockries bei Lindholm in Nordfriesland, studierte in Kiel und Erlangen Theologie, wurde 1887 Pastor in Reinfeld, 1888 in seiner Heimatgemeinde Lindholm, dann ab 1896 an der Alten Kirche auf Pellworm. 1917 wurde Hansen dann Nachfolger von Johannes Paulsen in Kropp. 1926 wechselte er in die kleine Gemeinde Olderup bei Husum, wo er bis 1930 amtierte. Hansen starb 1940 in Breklum.

Das Lebenswerk Hansens gliedert sich in zwei große Perioden. Gegen Ende 1918, nach seinen plattdeutschen Aktivitäten, gründete Hansen die Hochkirchliche Vereinigung, deren Vorsitzender er ein Jahr lang gewesen ist. Als Gründer der Hochkirchlichen Vereinigung bleibt Hansen auch bis in die heutige Zeit bekannt[29] und erwähnt.

Doch „bleibende Bedeutung erhält Heinrich Hansen für die Wiedergeburt der plattdeutschen Verkündigung, die er jahrelang vorbereitet und in Verbindung mit Gleichgesinnten Zug um Zug herbeigeführt hat." Dies festzustellen ist das Verdienst Heinrich Krögers, der in zwei minuziös ausgearbeiteten Aufsätzen das andere Lebenswerk Hansens, die plattdeutsche Verkündigung, dargestellt hat.[30]

Kröger gliedert das Schaffen Hansens in seiner ersten Lebenshälfte in sieben Teilgebiete, die zeitlich aufeinander folgen. Auf jedem dieser Gebiete kann er, so Kröger, als wegweisend gesehen werden. Hansen begann seine plattdeutsche Arbeit von der philologischen Seite her. Er, der mehrere Sprachen fast perfekt beherrschte, entwickelte im Anschluss an den Lehrer und Schriftsteller Joachim Mähl eine neue Orthographie der plattdeutschen Sprache. Hierbei ging er nicht von der Aussprache der Worte aus, sondern von deren Etymologie. Das phonetische Prinzip lehnte er als ungenau ab. So wird „und" geschrieben und „un" gesprochen. Das gleiche gilt u. a. auch für „nichd – nich", „Lichd – Lich", „hebben – hem" [31] Aus verständlichen Gründen hat sich diese Orthographie nicht durchgesetzt.

Von diesen philologischen Überlegungen aus begann Hansen dann mit der Übertragung von Gesangbuchliedern. Diese mühevolle Arbeit hat sich „über zwei Jahrzehnte erstreckt". [32] 1905 veröffentlichte Hansen auf eigene Kosten "20 sassische Lieder ut' t Hochdüdsch överdragen ... sülbstverlegt vun den Herutgeber". 1916 erscheint dann sein Psalmbook [33] das 1919 in 2. vermehrter Auflage bei Richard Hermes in Hamburg mit zusätzlich 7 Stücken aus dem Kleinen Katechismus gedruckt wird. Von den nun achtzig Liedern hat Hansen zwei selbst gedichtet. Angeregt durch Hansen gab der Schleswiger Propst Theodor Stoltenberg 1920 ein „Plattdüütsch Gesangbook" mit sechzig Liedern heraus.[34] Allerdings hat Stoltenberg nicht nur übertragen, sondern neu gedichtet, wie z.B. „Befiehl du deine Wege" in „Quält sick dien Hart mit Sorgen". Jessen hat dann später gerade dieses Lied als Titel einer kleinen Schrift gewählt. In der Folgezeit erschienen dann insgesamt fünf Gesangbücher von einzelnen Autoren, zumeist Pastoren, bis Rudolf Muuß 1925 eine Sammlung aus den Einzelheften herausgibt. „So wird Hansen ursprüngliche Vorstellung verwirklicht, als er 1908 schrieb: 'Viribus unitis müsste das gemacht werden.'"[35]

Neben der Arbeit an seinem Psalmbook fasste Hansen 1907, angeregt durch Friedrich Jensen, den Plan einer Übertragung des Alten Testamentes aus dem Hebräischen ins Plattdeutsche. Hier blieb er jedoch in den Ansätzen stecken. Erhalten sind, nach H. Kröger, nur ein Kapitel und einige Psalmübertragungen. Kröger urteilt: „...aufs ganze gesehen fehlt ihm – wie vor allem die Psalmen zeigen - freilich der große Wurf, der für solch ein Werk nötig ist."[36] Zwei umfangreiche Rezensionen zum „Naie Testament" von Oldig Boekhoff, erschienen 1915 in Aurich, und der altl. Geschichten „Uns Herrgott un dien Lüd" von Karl Schneeberg, Schwerin o. J. (1915) legen allerdings davon Zeugnis ab, dass sich Hansen auch weiterhin mit der Materie beschäftigt hat. In der Rezension zu Schneeberg lässt Hansen auch durchblicken, dass er wohl gerne einen plattdeutschen Normaldialekt geschaffen sehen möchte, wie es der Meißnerische für die hochdeutsche Sprache geworden ist.[37]

Grundlage für Hansens Bemühungen um die plattdeutsche Sprache im Gottesdienst war die Bibelstelle Phil. 2,11: „dass alle Zungen bekennen sollen, dass Christus der Herr sei." Von dieser Stelle her hat Hansen in mehreren theoretischen Beiträgen[38] zum Thema Stellung genommen. Seine Vorschläge für die Praxis sind bescheiden. Er dachte nicht an die Ablösung hochdeutscher Gottesdienste durch plattdeutsche, sondern wollte plattdeutsche Verkündigung auf die Nebengottesdienste und Bibelstunden beschränkt wissen. Hauptvorzug plattdeutscher Verkündigung ist für ihn, dass man genötigt sei, konkret zu sprechen. 1917 hat Hansen dann Nebengottesdienste in der Form von Passionsandachten in der Alten Kirche auf Pellworm in Plattdeutsch gehalten, und am 14. Oktober 1917 hielt er in Kropp einen vollständigen plattdeutschen

Gottesdienst mit Liturgie, allerdings wieder einen Nebengottesdienst am Abend. Eine plattdeutsche Predigt hat Hansen 1918 für Soldaten drucken lassen. Es war seit 35 Jahren die erste dieser Art in Norddeutschland gedruckte Predigt. Nach dem ersten Weltkrieg folgten dann von anderen ganze Predigtsammlungen.

In einem vielbeachteten Vortrag auf der XII. Möllner theologischen Lehrkonferenz im Jahr 1910 rief Hansen zur Gründung eines „Vereins für Evangelisation in der Landessprache"[39] auf. Sein Vortrag war mit „Die Wortverkündigung in der sassischen Landessprache" überschrieben. Kröger bemerkt dazu: „Er imponierte der Konferenz mit Argumenten aus der Historie, Philologie und Homiletik und machte Vorschläge, die über das Vorhandene weit hinausgingen. Zu den seelsorgerlichen Anlässen, wo sich die plattdeutsche Sprache empfiehlt, rechnet Hansen Privatbeichte und Hauskommunion. Neben Bibelstunden nennt er andere religiöse Versammlungen außerhalb der Kirche, wie sie Claus Harms in Kiel und Louis Harms in Hermannsburg gehalten haben. Auch im Kirchengebäude sei gegen den Gebrauch der Landessprache nichts einzuwenden."[40] Neben der Gründung des Vereins schlug Hansen vor:

„ 1. Schaffung eines Vereinsorgans, etwa eines kleinen Monatsblattes

2. Gründung einer sassischen Buchdruckerei und Buchhandlung;

3. Gewinnung, und wenn nötig, auch Ausbildung von sassischen Evangelisten, die, wo man's

wünscht, in sassischer Sprache das Wort verkünden."[41]

Noch auf derselben Konferenz wurde der Verein gegründet. Dem Vorstand gehörten für Hannover Pastor Christian Mahrenholz, für Mecklenburg Präpositus Otto Ihlefeld, für Schleswig-Holstein Pastor Adalbert Paulsen, Brügge, und als Vorsitzender Lic. Dr. Johannes

Bestmann, Mölln, an. Hansen selbst gehörte nicht zum Vorstand. Mit der Zusammensetzung dieses Gremiums war ein weites Wirkungsfeld abgesteckt, ein vielleicht zu weites, denn von der Arbeit dieses Vereins ist nicht mehr viel überliefert. Immerhin war es die erste derartige Gründung, und damit war sie zukunftsweisend. Doch erst nach dem Zweiten Weltkrieg kam es in Schleswig-Holstein wieder zu einem derartigen Zusammenschluss unter der Leitung von Pastor Dr. Rudolf Muuß. In Hannover gab es lange Zeit nach 1945 nur einen Ausschuss beim Landeskirchenamt Hannover unter der Leitung von Pastor Meyer - Lenthe, der sich erst 1963 zur „Arbeitsgemeinschaft plattdeutscher Pastoren in Niedersachsen" umbildete.

Schon zu Lebzeiten war Hansen unter den plattdeutschen Predigern vergessen. Dennoch bleibt Hansens Priorität für den Beginn plattdeutscher Verkündigung im 20. Jahrhundert eindeutig, „wenn auch wenig bekannt und selten anerkannt,"[42] denn seine Begriffsbildung wie „sassisch", „Evangelisationsverein" und „Psalmbook" waren antiquiert und bürgerten sich nicht ein. Mit diesen Namen geriet auch Hansen in Vergessenheit.

Paul Fleisch, der damalige Loccumer Konventualstudiendirektor und spätere Vizepräsident des Landeskirchenamtes Hannover, empfing von Hansen wesentliche Anstöße. Fleisch war Mitarbeiter der Dorfkirchenbewegung und Herausgeber der Zeitschrift „Evangelische Wahrheit". Im Mai 1917 druckte er hierin eine Rezension des Psalmbook von Hansen. Dieser gründlichen Besprechung schließt sich ein Bericht über den ersten plattdeutschen Gottesdienst von Hansen an. Fleisch zieht die Linie zu seiner eigenen Kirche aus, meint aber gleichzeitig: „Ich glaube, so weit wie Pastor Hansen werden wir in Hannover so leicht nicht kommen, vor allem nicht in größerem Umfange, zumal bei uns längst nicht mehr alle Pastoren plattdeutsch sprechen können.... Aber auch für uns wäre es ein Ziel, 'des Schweißes der Edlen wert.'"[43] Es sei, bei Beibehaltung der hochdeutschen Verkehrssprache, ein Gewinn, zweisprachig zu leben, und eine echte Zweisprachigkeit fordert Fleisch. Dies läge auch im kirchlichen Interesse und hier geht Fleisch auf die Frage des Gebetes ein. Er vertritt die These: „Ich glaube, in tiefster Herzensnot betet er (scil: der plattdeutsch Sprechende) plattdeutsch. Aber ob nun nicht eben damit, dass er eigentlich das Hochdeutsche für die Sprache des Gebetes hält, zusammenhängt, dass überhaupt wenig mit eigenen Worten gebetet wird, sondern so gern mit Gesangbuchversen?" Ohne diese Frage zu behandeln, ist auch eine Volksmission zwecklos, da sie in Niedersachen immer auf diese Sprachbarrieren stieße. „So würde es wirklich eine Bereicherung des kirchlichen Lebens sein, wenn die alte heimische Sprache wieder, wenn auch nicht offizielle Kirchensprache im sonntäglichen Hauptgottesdienst, so doch die Sprache der Bibelstunden und Passionsgottesdienste, wie dort auf Pellworm, würde." Diese Frage geht allerdings nicht nur primär die Kirche an, sondern vor allem zunächst die Schule. Hier fordert Fleisch zu einem gleichberechtigten Nebeneinander beider Sprachen auf: „Ich glaube, die Erlernung von hochdeutschem Lesen und Schreiben würde dadurch nicht schwerer, sondern leichter werden. Man muss nur einmal sehen, wie viel leichter die Kinder gerade in den untersten Klassen zum Erzählen zu bringen sind und sich selbständig ausdrücken, wenn der Lehrer verständig genug ist und selbst genügend Sprachkenntnisse besitzt, sie plattdeutsch reden zu lassen." Selbstkritisch stellt Fleisch anschließend fest: „Das sind ja gewiss sehr weitschauende Gedanken, meinetwegen Utopien, aber der Weg, etwas zu erreichen, ist immer noch der: Das Ziel weitstecken, immer wieder alles fordern, dann aber nur nicht das etwa erreichbare Geringere darüber verachten, sondern pflegen und erweitern."

Erneut hat Fleisch diesen ganzen Komplex wieder im Februar 1918 in der „Evangelischen Wahrheit" aufgegriffen. Wieder im Anschluss an einen Artikel von Heinrich Hansen bittet er nun die hannoverschen Geistlichen, sich mit der Frage des plattdeutschen Gottesdienstes zu befassen. Anstoßpunkt ist auch hier die Frage nach der Gebetssprache: „Es fehlt in der Tat im plattdeutschsprechenden Landvolk das freie Gebet. Wenn sie beten, beten sie hochdeutsch mit auswendig gelernten Formeln, meist Versen. Das geht soweit, dass sie selbst in großer Herzensangst ihr Bitten in solches Gewand kleiden." Doch dies sind fremde Worte, angelernte und nicht die eigenen, so dass Fleisch im eigensten Interesse der Kirche fordert: „Darum ist es Sache der Kirche, sich des Plattdeutschen anzunehmen." Und erneut wird auch, diesmal noch direkter, die Forderung an die Schule gestellt: „Unsere Schule in Niederdeutschland muss zweisprachig werden. Das ist etwas, was die Kirche aus kirchlichem Interesse wünschen muss."[44]

Paul Fleisch ist auch missverstanden worden, absichtlich oder unabsichtlich. Doch immer wieder greift er sein Thema auf.[45] Es ist eingebettet in seine Bemühungen um die Belebung, ja fast Erweckung, der Frömmigkeit weiter Kreise der Landbevölkerung. Die gesamte, 1925 dann als Verein gegründete Dorfkirchenbewegung, die auf die Arbeit der 1907 von H. v. Lüpke gegründeten Zeitschrift „Die Dorfkirche" zurückgeht, verfolgte dies Anliegen. Ihre Aufgabe sah die Dorfkirchenbewegung darin, die kirchliche Verkündigung den Besonderheiten der Gegenwart anzupassen, sie ständig in Korrelation zur Gegenwart zu halten. Hierzu zählte für Paul Fleisch auch die plattdeutsche Verkündigung. Es ist interessant anzumerken, dass die Bemühungen der Dorfbewegung erst im Krieg fast zum Erliegen gekommen sind. Nach 1945 belebte sie sich wieder und erhielt in der Zeitschrift „Kirche im Dorf" eine neue Fortsetzung.

Zur Dorfkirchenbewegung gehört auch **Friedrich Köhn**, weiland Pastor und Propst in Mecklenburg. Er gab 1922 eine Predigtsammlung heraus[46], der er „Die Kirchensprache Nieder-Deutschlands" als dreißigseitiges Vorwort vorangestellt hat.

Am Anfang dieses Vorwortes, es handelt sich hierbei schon mehr um einen Aufsatz, gibt er einen kurzen Überblick über die Geschichte der niederdeutschen Kirchensprache von der Reformation bis in die Mitte des 19. Jahrhunderts, um dann zu seinem Ansatz zu gelangen: „Für Niedersachsen konzentriert sich in der Frage des Plattdeutschen das ganze Problem der Dorfkirchenbewegung. – Auch in Pommern ist mit Verhandlungen des Dorfkirchentages die Frage in Fluß gekommen. An vielen Orten ist diesen Anregungen die Tat gefolgt. Es ist eine Bewegung entstanden, die nicht mehr zu übersehen ist, die an das Gewissen der Kirche klopft, zu der man Stellung nehmen muss." (S. 9)

Grundvoraussetzung ist nach Köhn, dass die Frage nach der Kirchensprache kirchlich, und das heißt für ihn, nicht nach den Wünschen „der allgemeinen plattdeutschen Bewegung" gelöst werden müsse, es auch nicht um Liebhaberei oder Abneigung Einzelner gehen könne. Es dürfe nichts Fremdes in die Kirche hineingetragen werden. Werden diese beiden Einschränkungen beachtet, so sei aus drei Gründen die Belebung der plattdeutschen Kirchensprache wünschenswert. Zum ersten ist die Volkssprache wesentlicher Teil des Volkes, „lasst die Volkssprache sterben – es stirbt mit ihr des Volkes bester Teil", (S.11), denn die Eigenart eines Volkes ist durch seine Sprache geprägt. Doch könne dies nicht der einzige Grund bleiben, die Kirchensprache oder zumindest die Sprache der Predigt zu ändern. Der Hauptgrund muss innerkirchlich sein und von der Frage nach der Verständlichkeit der bisherigen hochdeutschen Predigt durch den plattdeutschen Hörer angestoßen werden. Gerade diese Verständlichkeit strebt Köhn an und kommt, ebenso wie Fleisch, zu dem Schluss: „So bleiben Viele im Deutschen so schwach, dass sie durch Zuhören eine hochdeutsche Rede im Zusammenhange nicht erfassen können. Wir würden uns wundern, wenn wir all das Verkehrte auf einem Haufen nähmen, was in einer niederdeutschen Dorfkirche bei der Aufnahme einer einzigen hochdeutschen Predigt zustande kommt. – Das Gelernte wird auch bald vergessen. Der eine bleibt wohl in Übung durch gelegentlichen Umgang und Lektüre, der andere hört nach der Schulzeit nur noch in der Kirche, wenn er hingeht, hochdeutsch.... Also gibt es in Niederdeutschland nicht wenige Gemeindemitglieder, die nicht genug Hochdeutsch verstehen, um hochdeutscher Predigt folgen zu können." (S.14) Hieraus folgt für Köhn die Frage, „ob die Muttersprache durch eine später erlernte Sprache für den Zweck der Kirche vollständig ersetzt werden kann, selbst wenn diese Sprache formell beherrscht wird:" (S.14) Er verneint dies, weil er meint, beide Sprachen hätten eine je eigene Vorstellungswelt, die kaum adäquate Übertragungen zulasse. Sehr treffend bemerkt Köhn dann, dass hierin wohl auch das Verstummen der niederdeutschen Gemeindeglieder seinen eigentlichen Grund habe, denn wie könne der, der tagein tagaus plattdeutsch spricht, sich nun auf einmal in Glaubensfragen hochdeutsch äußern. Es kann zu keiner lebendigen Sprache der Gemeinde kommen, sie vermag sich allenfalls in angelernten Formeln auszudrücken. In einem weiteren Kapitel schließt sich nach dieser Analyse eine vernichtende Kritik an die Predigtlehrer seiner Zeit an, die sich dagegen wehren, durch die plattdeutsche Sprache das Heilige ihrer Meinung nach zu profanisieren. Diesen Einwand lässt Köhn unter Hinweis auf die Reichhaltigkeit und Unmittelbarkeit der plattdeutschen Sprache nicht gelten. Ihr fehle lediglich eine Entwicklungsmöglichkeit, wie sie das Hochdeutsche in den vergangenen 300 Jahren gehabt habe, und das könne ihr am wenigsten angelastet werden, sondern fordere gerade zu einer vermehrten Bemühung heraus.

Friedrich Köhn kommt zu dem Schluss: „So fordern in Niederdeutschland zwei Kirchensprachen ihr Recht." (S.25) Bereiche für die plattdeutsche Sprache in der Gemeindearbeit seien die Seelsorge, der Jugendunterricht, plattdeutsche Gebete für Konfirmanden, Kirchengemeinderatssitzungen, Missionsstunden, Bibelstunde, Gemeindeabende, und „dass die plattdeutsche Sprache nach den Grundsätzen der Augustana auch in den Gemeindegottesdienst gehört, steht außer Frage. Selbstverständlich ist dabei, dass das Hochdeutsche keinesfalls verdrängt werden soll, sondern dass es sich um ein Bürgerrecht der Volkssprache innerhalb verständiger Grenzen handelt." (S.28) Die Liturgie und Lesungen könnten, wo die Gemeinde es um des vertrauten Klanges willen wünsche, durchaus hochdeutsch gehalten werden. Köhn ist hier kein sprachlicher Purist.

Während Paul Fleisch meinte, eine plattdeutsche Predigt sei ein Fernziel aller Bemühungen, pocht Köhn auf die Mündigkeit der Gemeinde in der Beurteilung einer plattdeutschen Predigt und stellt fordernd fest: „...Denn u.E. würde gerade die plattdeutsch Predigt, und sie allein, es sein, die, zur allgemeinen Übung gekommen, die erforderliche und beständige Antriebskraft besäße, die kirchliche plattdeutsche Bewegung in Fleiß zu halten und zu fördern. Wir haben weder Ursache noch Zeit, mit der plattdeutschen Predigt länger zu warten." (S.28)

Alle drei, Heinrich Hansen, Paul Fleisch und Friedrich Köhn, kamen durch theologische Erwägungen zu ihrer Forderung nach plattdeutscher Verkündigung. Nicht die Sprache an sich, nicht die Pflege der alten Heimattraditionen oder die neue Ideologie der

Heimat, sondern die Not der Predigthörer, die Sorge um die Verkündigung in der Landessprache, der Sprache der Hörer, der Sprache des Alltags, ließen sie ihre Stimme erheben. Auf dieser theologischen Ebene, und nur hier, ist auch das Bemühen Jessens zu sehen und zu verstehen.

Der Anfang plattdeutscher Predigt bei Jessen

Der äußere Anlass: die Nordschleswigfrage

Zweisprachig aufgewachsen, beschäftigte sich Jessen bereits in den ersten Amtsjahren in Kosel mit dem Problem der Sprachbarriere vom plattdeutschen Hörer zur hochdeutschen Verkündigung, mit der Differenz von Muttersprache und Predigtsprache. Wie schon erwähnt, benutzte er das ihm von Kind an geläufige Plattdeutsch als Umgangssprache und in der Seelsorge.

Der äußere, und wenn wir so wollen, profane, Anlass für die Aufnahme niederdeutscher Predigten und Gottesdienste lag in der politischen Situation im Norden Deutschlands begründet, in der Zuspitzung der Nordschleswigfrage mit dem Ende des Ersten Weltkrieges. Neben anderen Gebietsabtretungen vom Deutschen Reich, die zum größten Teil ohne Volksabstimmungen geschahen, sollte auch Nordschleswig an Dänemark fallen, um die seinerzeit durch die Annexion des damaligen dänischen Schleswig-Holstein durch Preußen entstandenen Gebietsverluste zu entschädigen. Allerdings sollte in den Schleswiger Gebieten vorher gemäß § 5 des Prager Friedens von 1867 ein Plebiszit stattfinden. Kernpunkt der deshalb vor allem bei der deutschen Bevölkerung entstandenen Verbitterung war die Tatsache, dass Gebiete an ein Land abgetreten werden sollten, mit dem sich das Deutsche Reich nicht im Kriegszustand befunden hatte.

Die Auseinandersetzung zwischen der dänischen Mehrheit und der deutschen Minderheit in Nordschleswig und umgekehrt in Südschleswig war kennzeichnend für die Situation im Norden Deutschlands. Beide Minderheiten fühlten sich durch die Gegenseite bedroht. Die plattdeutsche Sprache war zu einem Ausdruck schleswig-holsteinischer Gesinnung geworden und diente der Identitätsfindung und – wahrung der Deutschen. 1920 war Plattdeutsch hier in der Tat Offensiv- und Defensivwaffe zugleich. „'Alle Mann up den Diek! Wi mööt vun dat Koogland in den Noorden redden, wat wi jichens künnt!' " so erinnert sich Jessen im Jahre 1938 anlässlich eines Universitätsvortrages in Hamburg.[47] Auch er konnte sich der Kampfstimmung jener Jahre nicht entziehen. Geld zur Propaganda hatten die Deutschen nicht und „dat güng ok nich mit Kanonen un Flinten." (ebenda) Man war auf die Sprache angewiesen: „Aver vör en Saak harr Hannemann (scil.: Dänemark) bannig Manschetten, dat weer de Moderspraak, unse leve plattdüütsche Moderspraak. Dor künnen se nich gegenan." (ebenda) Jessen konstatiert im Nachhinein: „De Lüüd warrn rein narrisch mit ehr Plattdüütsch." (ebenda) Dieser Satz ist 20 Jahre nach den Ereignissen gesagt, als Jessen zu den Kämpfen der Volksabstimmung Distanz gewonnen hatte und sich nun seinerseits von den völkischen Bestrebungen der plattdeutschen Bewegung in den dreißiger Jahren absetzte. 1920 jedoch machte er mit. Wie sollte er auch anders? „Een Dörp na dat anner un een Stadt na de anner kreeg er Heimaatfest, un allens up plattdüütsch." (ebenda) So wurde Plattdeutsch nicht nur zur Kampfsprache gegen die Dänen, sondern es diente auch der moralischen Aufrüstung der deutschen Bevölkerung, denn „hier warrt se wies, hier fangt dat Hart un dat Geweten wedder an to puckern. Mit unse Plattdüütsch kunnen wi unse Landslüüd an de Neren kamen un likermaten de Dänen bimöten, dat se to'n mindsten keenen Foot breet widerkemen."(S.198) Und so folgerte Jessen denn auch: „De Moderspraak is de beste un starkste Diek för de düütsche Heimaat." (ebenda) Diese Klänge muten seltsam an, aber sie spiegeln die Gedanken und Empfindungen des größten Teils der damaligen Zeitgenossen wider. Festgehalten werden muss aber, dass es Jessen nicht allein auf Heimatpflege oder Kampf gegen die Dänisierung ankam. Die Nordschleswigfrage war nur äußerer Anlass für die Aufnahme plattdeutscher Gottesdienste. Die Verkündigung in der „Moderspraak" will bei Jessen das Bindeglied, der Rahmen und im gewissen Sinne die Veredelung der Heimatideologie sein. So legt er Wert auf die Tatsache, dass jedes Heimatfest mit einem gemeinsamen Gottesdienst begann: „Bi dat Heimaatfest hebbt se up'n Lannen Ringriden speelt, sungen un danzt, aver toeerst gung dat in de Kark. Unse Lüüd wüssen heel goot: Heimateer un Heimatblood hebbt nümmer Deeg, wenn Gotts Woort nich den Hartslag gifft." (S.198) Heimatfeste haben nur dann einen Sinn, wenn sie aus dem Wort Gottes Legitimität und Sinngebung erhalten und somit nicht vorschnell in nationalistische Ideologie gleiten.

Die theologische Grundlage: der „Hartslag"

Entscheidend für Jessens Beginn plattdeutscher Verkündigung ist der seelsorgerliche Ansatz im Aufdecken der Differenzen von „Kanzelsprache und Sprachgemeinde."[48] Die Identität zwischen beiden kann nur eine Verkündigung in der Sprache der Gemeinde erreichen, die Verkündigung in der Muttersprache. Muttersprache und Wesen des Menschen gehören für Jessen unabdingbar zusammen, in ihr findet er seine Identität als Person, die in einem bestimmte, regional gebundenen und überschaubar gegliederten Bereich lebt und den Ursprung seines Denkens erlebt. In seiner Muttersprache angeredet fühlt er sich angenommen von Menschen und, so wir Gott als Person denken, indem er sich als Person offenbart hat, auch von Gott. Das bedeutet dann in letzter Konsequenz, dass der Mensch recht eigentlich nur in der Anrede in seiner Muttersprache Zugang zu Gott findet.

In diesem Zusammenhang ist der Jesselsche Begriff des „Hartslags" als möglicher Ansatz einer Grundlegung plattdeutscher Verkündigung im allgemeinen und speziell bei Jessen relevant. Gleichzeitig versucht Jessen hiermit, das Problem einer jeden Übersetzung im Abwägen zwischen sklavischer Treue zum Urtext als dem einen und sinnentstellender Paraphrase als dem anderen Extrem zu lösen. Seine Gedanken kreisen um den „Hartslag" der Texte, die er übersetzen will, um sie dann zu predigen. Seine Fragestellung ist, wie dieser „Hartslag" in der neuen Fassung des Textes zur Geltung kommen und gespürt werden kann, um in Text und Predigt die Differenz zwischen der Sprache der Kirche, d.h. des Predigers, und der der Gemeinde zu überwinden.

„Moderspraak is Hartenspraak." (S.200). Dieser Satz aus dem Universitätsvortrag von 1938 kennzeichnet den Ausgangspunkt der Jessenschen Überlegungen. Der Muttersprache kommt, wie er immer wieder betont, schon von ihrer Genesis eine besondere Bedeutung zu. Sie ist zunächst nicht rational erfass- und erlernbar, sondern das Kind eignet sie sich emotional an. Durch den intensiven Kontakt mit seiner Bezugsperson, eben meistens der Mutter, nimmt es die Bedeutung und den Gehalt des Wortes Mutter oder der Koseform hiervon, auf. Diesem Wort folgen dann weitere Worte, wobei deren Reihenfolge unerheblich ist. Wichtig ist für Jessen allein, dass das Kind zunächst durch emotionales Verstehen im emotionalen Kontakt zur Bezugsperson zur Sprache kommt: „Dat (scil.: Kind) kann all wat snacken un kann all Moder seggen, aver wat dat Woort Moder bedüden deit, dat föölt so'n Kind egentlich bloots." (S.198) Unabdingbar ist es allerdings, dass zur emotionalen Hinwendung die verbale tritt, denn „beides, Spraak un Hart, mööt spreken." (S.198) So bedeutet in diesem Zusammenhang der Satz „To de Moderspraak hööt de Hartslag" (ebenda), dass Muttersprache niemals ausschließlich Sache des intellektuellen Sprachvermögens, also eine Funktion der menschlichen Ratio, sein kann, sondern dass aus dieser in das rationale Sprachvermögen überwechselt, sobald Reflexion über die eigene und mit der eigenen Sprache einsetzt. Reflexion beschränkt, sondern bedeutet bereits das Aneignen von Grammatik und Syntax im vorschulischen Bereich der kindlichen Umwelt.

„Hartslag" meint so zunächst die Übertragung des Herzschlages der Mutter auf die Gefühlswelt des Kindes und so auf die durch die Bezugsperson vermittelte Sprache. Jene Schichten, in denen Muttersprache im Menschen wurzelt, können überlagert, jedoch niemals ausgelöscht werden. Sie ermöglicht ein anderes Verstehen als jede andere später gelernte Sprache. Hier liegt für Jessen die Berechtigung, ja zwingende Notwendigkeit, Verkündigung durch Wort und Schrift in der jeweiligen Muttersprache dem Hörer und Leser zugänglich zu machen. Die Möglichkeit des anderen Verstehens, die emotionale Verwurzelung der Muttersprache im Menschen und die sich hieraus ergebende besondere Ansprechbarkeit sollen nach Jessen durch Übersetzung in die Muttersprache in den Dienst der Bibel treten. Durch eben den „Hartslag" seiner Muttersprache werden im Leser Erinnerungen geweckt, findet er ein Stück Heimat und Geborgenheit und ist aufgeschlossener, sich durch das Medium der Muttersprache auf das Anliegen des Textes ansprechen zu lassen und mit ihm in eine Beziehung zu treten. Der „Hartslag" der Muttersprache neutralisiert so Aversionen, schafft Verstehenshindernisse beiseite und ermöglicht, positiv gesprochen, ein unbefangenes Hören.

So gesehen ist die Muttersprache die eigentliche Sprache des Menschen. Sich ihrer zu schämen, hieß, sich selbst zu verleugnen, denn „öwerall in dat Lewen liggt in de Moderspraak de Hartslag, in Nottiedn un in Fredenstied, ok denn, wenn de enkelte Minsch in de Kniep kummt. De sik för sien Moderspraak schamen deit, hett nich verdeent, dat dat en Moderspraak för em gifft." (S.200) Und an anderer Stelle heißt es: „De Buer gifft sik sülven up, wenn he sik för sien Moderspraak schamen deit." (S.199) Zu verstehen ist dieser Satz auf dem historischen Hintergrund der Verdrängung der plattdeutschen Sprache in Kultur und Politik durch Hochdeutsch, die als Folge das Plattdeutsche in den Bereich des Derben, Ungeschliffenen und Ungebildeten drängte.

Jessens These von der Muttersprache als der eigentlichen Sprache des Menschen entspricht es, wenn er das Eigentliche, das Persönliche eines Individuums nun ebenfalls als „Hartslag" bezeichnet. „Keen Minsch lett sik so ganz in de Finstern rinkieken wenn sik dat bi em um den Hartslag oder enen ganz hochen Pries hannelt." (S.199) „Hartslag" ist der innere Bezirk des Menschen, der Bezirk, den er nicht ohne weiteres anderen zugänglich macht. Auch die „Butensiet", die gewahrt wird, ist nicht nur das Äußere, der Schein, auch nicht der trügerische, sondern das, was niemanden etwas angeht. Es ist das Denken und Fühlen, jene Empfindung, die ein Mensch nicht offenbaren will, unabhängig von der jeweiligen Muttersprache. Jessen exemplifiziert dies am plattdeutsch Sprechenden, an der Gebetssprache: „De plattdüütsche Minsch beedt, wenn he in Noot is, noch ümmer plattdüütsch." (S.199) Hier wird der „Hartslag" des Menschen durch seine Muttersprache verbalisiert.[49]

Wurde im bisherigen Verlauf der Darstellung „Hartslag" mehr individuell auf den Menschen, seine Muttersprache und seine Gefühlswelt bezogen, so muss nun ein anderer wichtiger Aspekt dargestellt werden, die Bedeutung des „Hartslages" für Sprache schlechthin.

In einem Brief an die Herausgeber einer Festschrift für den Hamburger Bibelwissenschaftler Hans Vollmer schreibt Jessen, in dem er auf die Übereinstimmung innerhalb der Herausgebergemeinschaft dieser Festschrift hinweist: „Un doch, wat to Dr. Busch passt, dat passt ok to Siegfried Miers. De Hartslag is de sülvige."[50] Im gleichen Atemzug erklärt er. „Up Hochdüütsch seggt wi ja:.......Die Firma ist dieselbe." Hier bedeutet „Hartslag" die Ähnlichkeit, ja Übereinstimmung zweier oder mehrerer Personen in ihren Absichten, Handlungen und Meinungen, auch wenn sie äußerlich noch so verschieden sein mögen. Dies gilt sowohl für den Bereich der Kultur und Wissenschaft als auch der Wirtschaft und Politik. „Hartslag" ist so Übereinstimmung nicht nur im emotionalen, sondern auch im rationalen Bereich, wobei nicht die äußere, sondern die innere Übereinstimmung gemeint ist.

Ähnliches gilt nun auch für die menschliche Sprache, d.h. einschränkend muss gesagt werden, für die Sprache insoweit sie sich nach mehr oder weniger genau bestimmten Regeln grammatikalischer und syntaktischer Art bildet oder gebildet hat. An der Übersetzung der Bibel ins Plattdeutsche von Joh. Bugenhagen (1534) dem Wittenberger Stadtpfarrer und Reformator Norddeutschlands, exemplifiziert er sein Anliegen. „De Wöör, " so seine Kritik, „sünd plattdüütsch, aver de Hartslag is hochdüütsch."

(S.201) Es folgen nun die Gegenüberstellung von Lukas 1,1-4 in der Übersetzung Luthers und Bugenhagens. Luther beginnt: „Sintemal sich's viele unterwunden haben,..." und Bugenhagen: „ Alldewil sick dat veele ünnerwunnen hebben,...". Auch der in Fragen der Sprachforschung Ungeübte merkt, dass hier lediglich ein Austausch der Wörter stattgefunden hat, die Wortstellung bei Bugenhagen aber unverändert vom Luthertext übernommen worden ist. Syntax und Vokabular fallen hier auseinander, die Sprache verliert ihren tiefsten Zusammenhang, der „Hartslag" geht verloren. „Hartslag" ist somit die Stimmigkeit einer Sprache in sich, sowohl was die Logik ihrer Grammatik als auch das Sprachgefühl für die „Richtigkeit" der Sprache betrifft. Syntax und Vokabular müssen in ihrer Kongruenz gewahrt bleiben, sonst geht mit dem „Hartsalg" auch das Verständnis und die Verstehbarkeit des Textes verloren.

Dieser Sachverhalt stellt sich als Barriere gegen eine wörtliche Übersetzung von Texten und Predigten. Es ist letztlich unmöglich, gleichlautend von der einen in die andere Sprache zu übersetzen, denn jeder Sprache eignet etwas Unverkennbares, nicht direkt Austauschbares. So ist eine wissenschaftliche Übersetzung biblischer Texte aus dem Urtext, die dabei möglichst genau diesem folgt, für dessen Verständnis von geringer Bedeutung, denn sie ist „ ok bloots in de Spraak, as de kloken un leerten Lüüd dat utdrücken doot" geschrieben. „Aver dat nützt noch nich veel.... De Wöör doot dat nich. Dat kümmt up den Hartslag an".[51]

Der „Hartslag" einer Sprache und eines Textes wird nach Jessen immer dann gespürt, wenn Hörer oder Leser von einem Text existenziell betroffen werden. Das gilt auch für die Lutherbibel: „Wenn du den Hartslag bi Luther eerst faat hest, denn fangt dien Hart ok mit an to bewern, un ok dien Geweten." Denn „he hett dat as keen anner düütsche Mann verstaan, de ‚Lüüd up dat Muul to seen'."[52] Jessen legt Wert darauf, dass bei Luther der „Hartslag" sowohl seiner Sprache als auch des übersetzten Textes stimmt. „Nich de Wöör utwesseln, ja nich, aver de Spraak umgeten – dar liggt de Knütt," (S. 202) so umschreibt Jessen nun seine Methode, sowohl dem Anliegen des übersetzten Textes als auch dem „Hartslag" der Sprache gerecht zu werden. So kann es dann auch zu sehr feinen Übertragungen geprägter Texte kommen, wie in 2.Kor.5,17: „Un so seggt wi: wer würkli Christus töhörn deit, de is gans un gor wat Nies worrn. Dat Olle liggt wiet achter em, un nu is gans wat Nies an sien Stell kamen."

Die Worte des Urtextes oder einer anerkannten Übersetzung sind für Jessen nicht der Erweis für die Richtigkeit oder gar Heiligkeit des Textes. Sie sind zwar untrennbar mit ihrem Inhalt, mit dem, was sie sagen wollen, verbunden, jedoch so, dass sie dies in den Hintergrund drängen. Hier gilt: „De Wör maakt Gotts Woord nich hillig. De Hartslag mutt dat doon."(S.202) Die Worte können noch so richtig übersetzt werden, sie bleiben unverständlich und fremd. Erst wenn der „Hartslag" als das Eigentliche des Textes mit in die neue Fassung hineingenommen wird, gewinnt sie Leben und existenzielle Bedeutung für Hörer und Leser. „Hartslag" meint hier somit auch in etwa den Skopus eines Textes oder das tertium comparationis bei einem Gleichnis. Erst wenn dies sachlich richtig und emotional treffend herausgearbeitet in der Übersetzung wiedergegeben wird, ist der Text verständlich und spricht uns an. Der „Hartslag" macht die Verständlichkeit des Textes aus und weckt damit erst die Verstehensbereitschaft des Hörers. Was über den „Hartslag" der Muttersprache vom Hörer gesagt worden ist, gilt also auch im gleichen Maße für den „Hartslag" eines Textes. Das bedeutet, dass das Anliegen eines Textes nach Struktur, Inhalt und Sprachgefühl übertragen, ja, umgedacht werden muss, soll sein „Hartslag" zu spüren sein. Jessen kann dies vertreten und dabei gleichzeitig von der „Richtigkeir" seiner Übersetzung ausgehen, denn „de Wöör, de de Heiland bruukt hett, künd vor sien Lüüd ok Biller west, Biller, de se jeden Dag to seen kregen." (S.203)

Als Beispiel kann, Jessen führt es selbst gern an, Mt. 5,3 gelten: „Selig sind, die geistlich arm sind, denn das Himmelreich ist ihrer." Jessen übersetzt: „Selig sünd de Minschen, de as beddelarme Lüüd vör Gott sien Döör kaamt un weet, dat se vör em nix uptowiesen hebbt! Eer höört dat Himmelriek to!" „De Wöör doot dat nich. De Hartslag is allens." (ebenda) So ist richtige Übersetzung immer mit gründlicher Exegese verbunden, soll der „Hartslag" nicht nur gefühlsmäßige Interpretation eines Textes sein, die dann in die Übersetzung eingeht.

Die Erzählungen und Berichte der Bibel sind nach Jessen nicht nur damals geschehen oder erzählt worden, sondern sie ereignen sich immer wieder, werden im Erzählen zu neuem Ereignis. Dazu müssen sie allerdings in die Gedankenwelt der jeweiligen heutigen Sprache übertragen werden, damit sie die Gedankenwelt des diese Sprache Sprechenden mit ihrem an Sprache gebundenen und durch sie vorgegebenen Bildschemata erreichen können. Die Worte der Bibel müssen als Bausteine dieser Bilder in die Sprachwirklichkeit und Sprachmöglichkeit herübergenommen werden, um in der Untrennbarkeit von Wort und Sache den „Hartslag" der Erzählung spürbar zu machen. „De Hartslag in de Geschichten blivt, ok wenn dat Kleed vun buten wesselt, un dat eegen Hart fangt an to puckern, liek sodennig, as wenn de Heiland sülven vör uns stünn un uns an den Knoop faten dee." (S.203) So gerät der Heutige in direkte Affinität zum damaligen Geschehen, ja, er selbst ist gemeint und nimmt das auch wahr. Der Text geht ihn an im eigentlichen Sinne.

Hier schließt sich der Kreis unserer Betrachtung, und es käme der Quadratur des Kreises gleich, sie auf einen Nenner zu bringen. Er kann in etwa zum Abschluss dieses Abschnittes nur umrissen werden.

„Hartslag" ist die Affinität einer Sprache, eines Textes und einer Sache zum Sprecher, Leser oder Hörer. Es ist das Angesprochenwerden, die Vermittlung von Betroffenheit und von existenzieller Berührung. Gilt dies allgemein neben der Muttersprache auch für biblische Texte, so ist „Hartslag" speziell bei ihnen als Skopus eines Textes, sein Anliegen und seine Hauptaussage, kurz dasjenige, was uns unbedingt angeht, gemeint. Das in die Übersetzung zu tragen und in der Predigt spüren zu lassen, das alte sprachliche Gewand hierbei gegebenenfalls fallen zu lassen, war Jessens Anliegen bei seiner Arbeit.

Eine zunächst ablehnende Gemeinde

Vieles von dem, was Jessen rückblickend 1938 im Vortrag gesagt hat, wird er bereits 1920 bei seiner ersten Predigt in Kosel bedacht haben, wenn sich auch die Theorie bekanntlich in ihrer Praktibilität von der Praxis unterscheidet. So sollte man dennoch meinen, dass seine erste Predigt ein Erfolg gewesen sei.

Das Gegenteil war der Fall, sie stieß auf Gleichgültigkeit, ja sogar Ablehnung. Nicht ein Gemeindeglied mehr hatte trotz reger Werbung Jessens den Weg zur Kirche gefunden. Auf die Frage an einen Kirchenältesten, ob denn nun die plattdeutschen Predigten fortgesetzt werden sollten, erhielt Jessen zur Antwort: „Ja, Herr

Pastor, dat is so'n egen Saak. Dat möten Se sülven weten!" (Vortrag S.199)

Jessen analysiert diese Antwort in seinem Vortrag in mehrfacher Hinsicht, meint aber die Ursache der Ablehnung letztlich als historisches Problem sehen zu müssen.

Zum einen resultiert die Ablehnung plattdeutscher Verkündigung aus der Unkenntnis der plattdeutschen Schriftsprache die damals mehr in Schulen oder gar an der Universität seit den Tagen der Reformation gelehrt oder gelernt worden ist. Sie war als Schriftsprache verschwunden, wenn auch vereinzelte Dichter ihr ab Mitte des 19.Jahrhunderts eine Renaissance bereiten wollten. Es gab auch keinen Grund, sie als Literatursprache wieder zu beleben, war doch die Amtssprache in Deutschland die hochdeutsche Sprache der kursächsischen Kanzlei geworden. Die Literatursprache hat sich schon allemal nach den Machtverhältnissen gerichtet. Hier liegt auch der zweite Grund der Ablehnung. In den Amtsstuben der deutschen Länder wurde Hochdeutsch gesprochen, und wer hier als Plattdeutscher vorsprach, musste sich, gleich ob er sie beherrschte oder nicht, dieser Sprache bedienen. Sie war, das kann niemand leugnen, die Sprache der Gebildeten und der Obrigkeit, kurz: „Hoche Herrn verstaat un spreekt ok bloots Hochdüütsch". (S.198) Das Wort vom ‚Dummen Bauern', in (halb)gebildeten Stadtkreisen entstanden, hat hier seinen Ursprung. Wer nur Plattdeutsch konnte, und das war die Mehrzahl, wem Hochdeutsch gleichsam nur in Formeln und gelernten Redewendungen geläufig war, galt als dumm und ungebildet. So wurde Wert auf die Feststellung gelegt: „Ick kann ok Hochdüütsch un verlang ok en hochdüütsche Predigt." (S.191) Es war gut und recht, wenn der Pastor mit seiner Gemeinde plattdeutsch redete, jedoch niemals im Gottesdienst, denn

"Plattdüütsch snackt wi den ganzen Dag, in dat Huus, mit de Naverslüüd, bi dat Mistföhren un bi dat Plögen – awer in de Kark wüllt wi hochdüütsch hören!" (ebenda) Plattdeutsch erfüllte nicht den Anspruch des Besonderen, der Heiligkeit des Sonntages, denn wenn schon mit der weltlichen Obrigkeit Hochdeutsch gesprochen werden musste, um wie viel mehr mit Gott. Dass diese Ehrfurchtshaltung auch eine Schutzfunktion hatte, war Jessen bewusst. Die hochdeutsche Sprache in der Verkündigung war durch Generationen angelernt, niemals jedoch als Muttersprache akzeptiert worden. Getreu dem Sprichwort: Wasch mir den Pelz, aber mach mich nicht nass! war sie für den plattdeutschen Hörer vertrautes Formelgut im negativen Sinn, das er gelernt, aber nie verstanden hatte. Seine eigentliche Sprache ist die Muttersprache, und in ihr muss Verkündigung, die angeht, geschehen.

Hierin hat Jessen nicht nachgegeben, er hat plattdeutsch gepredigt, in der Sprache, die als dumm und ungebildet, als nicht heilig genug, selbst bei denen, die sie täglich sprachen, verpönt war. Auch gegen den wohlmeinenden Ratschlag seines Kirchenältesten und anderer predigte Jessen weiterhin in Abständen plattdeutsch und begann mit der Übersetzung biblischer Texte. Plattdeutsche Verkündigung ist ihm eine conditio sine qua non für Menschen plattdeutscher Zunge, denn „wenn he up Plattdüütsch mit sienen Herrgott spreken deit, denn kriggt sein Gloov un sien Tovertruen bloots Schick un Deech, wenn Gott toerst un nesten up Plattdüütsch mit em spreken deit." (S.199) Dem Menschen das Wort Gottes durch Bibelübersetzung und Predigt in seiner Muttersprache zu bringen, war Hintergrund der Arbeit Jessens.

Veer plattdüütsche Predigt'n

In jenen Jahren in seiner ersten Gemeinde in Kosel (1911–1922) hat er ohne Zweifel bereits mit der Übersetzung biblischer Texte begonnen. Da sie aber erst 1933 geschlossen als Übersetzung des Neuen Testamentes gedruckt bei Wollermann in Braunschweig erscheinen konnte, hat ihm ein Kritiker nach 1945 unterstellt, er habe unter dem Eindruck und Einfluss der sich nach 1933 scheinbar zeigenden Erneuerung des kirchlichen Lebens die Übersetzung angefertigt, um sozusagen auf einer Woge völkischer Begeisterung mit zuschwimmen. Die Kritik ist ungerechtfertigt, denn bereits B. Gottfriedsen vermerkt in ihren Lebenserinnerungen: „Pastor Jessen arbeitete an einer plattdeutschen Übersetzung des Neuen Testamentes, die sehr gut wurde."[53] Dies wurde wohlgemerkt aus der Zeit Jessens in Kosel berichtet. Eine weitere Untermauerung erfährt die These eines Beginnes kurz vor oder nach 1920 dadurch, dass Jessen bereits ab 1923 in den Schleswiger Nachrichten in jeder Sonnabendausgabe der Zeitung eine Perikopenübertragung in Plattdeutsch aus dem Alten oder Neuen Testament, unter dem Titel „ Sünnstrahln ut usen Herrgott sin Welt" veröffentlichte.[54] Hauptsächlich waren die übersetzten Textabschnitte als Predigttexte für plattdeutsche Gottesdienste gedacht; hierzu waren sie ursprünglich entstanden. Zur Bibelübersetzung insgesamt soll jedoch im Zusammenhang eines anderen Kapitels mehr gesagt werden.

Wenden wir uns nun nach diesen Vorbemerkungen der einzigen erhaltenen plattdeutschen Predigt Jessens aus den ersten Amtsjahren zu. Sie wird hier im Vergleich mit anderen Predigten vorgestellt.

„Uns Heimat is en Goddeshus un en Himmelsport"
- Predigt über 1. Mose 28,10–22

Umfangreich ist die uns erhaltene plattdeutsche Predigtliteratur jener Zeit nicht. Es sind nur wenige Predigtbändchen erschienen. Zumeist wurden plattdeutsche Predigten aus besonderen Anlässen gehalten und dann gegebenenfalls in Zeitschriften oder Heimatblättern veröffentlicht. Sie sind daher nur schwer auffindbar.[55] „Veer plattdüütsche Predigt'n"[56] hieß das Predigtbändchen, in dem Jessen die erste Predigt veröffentlichte. Sie wurde, wie aus dem Untertitel zu ersehen ist, am Schleswig-Holsteiner Tag am 29. August 1920 in einer Flensburger Kirche gehalten. Außer der Predigt von Jessen enthält der Band weitere von den Pastoren Joh. Lensch, Flensburg, Adalbert Paulsen, Krummendiek, und Heinrich Kähler, Flensburg.

Wenden wir uns zunächst der Predigt von Johannes Jessen zu, um im Vergleich mit den anderen ihre Besonderheit herauszuarbeiten. Jessen legte seiner Predigt die atl. Geschichte von der Himmelsleiter im Traum des Jakob zu Bethel zu Grunde (1.Mose 28,10-22). Er hat diesen Text, wie der Gang der Auslegung erkennen lässt, geradezu für seine Predigt ausgesucht, die in ihren exegetischen Voraussetzungen, soweit von einer Predigt hierauf überhaupt geschlossen werden kann, alle weiteren exegetischen Implikationen des Textes beiseite lässt und sich streng an das gegebene und wohl auch absichtlich gewählte Thema: „Uns Heimat is en Goddeshus un en Himmelsport," (S.14) hält. Das Thema der Predigt stützt sich besonders auf die Verheißung von Land und Nachkommen der jahwistischen Quellenschicht in den Versen 13-16, die Jessen so übersetzt: „... Un God de Herr stünn baven op de Ledder (als Erklärung in den Text eingefügt) un he sä to Jacob: ‚Ik bün de Herr, Abraham sien Godd un dien Vader Isaak sien Godd. Dat Land, wonehm du ligg'n deist, will ik di un dien Nahkam'n gewen. Un du schast so veele Nahkam'n hebb'n, as dor Stoff op de Eer liggt, un ji schüllt utbreedt ward'n gegen Abend un gegen Morgen, gegen Middag un gegen Middernacht, un dörch di un dien Nahkam'n schall Segen kam'n öwer alle Geslechter op de ganze Eer. Un süh, ick bün mit di un will di behöd'n, wonehm du hingeihst, un will di wedder trügbring'n in dit Land. Ick will nich vun di laten un will allens dohn, wat ick di toseggt hew:..." (S.13 f.) Hier wird, so Jessen. Zunächst Jakob, der sich auf der Flucht befindet, eine neue und endgültige Heimat zugesagt. Das Land, auf dem er ruht, soll ihm zur Heimat werden, der seine Heimat durch Flucht verloren hat. Der heimatlose Jakob wird nun in Beziehung zur Gemeinde gesetzt, die ihre Heimat durch äußere oder innere Emigration verlor, wobei äußere Emigration den seltenen Fall der Ausweisung aus Nordschleswig meint, innere Emigration demgegenüber den Verlust der Beziehung zur Heimat durch das Kriegsgeschehen.

Heimat ist für Jessen das wesentliche Stichwort dieser Predigt. Heimat ist der Ort, an dem sich durch Krieg und das über Deutschland hereingebrochene Ende der alten Ordnung verwirrte Mensch in übertragenem Sinne ausruhen und neue Kräfte für den Alltag sammeln kann. Doch: „En Heimatfest wüllt wi fier'n. Is dat recht? Hebbt wi Ursak un Tied to fier'n? Fier'n, wo dat Hus brennt hett, wo de Bred' noch swälen doht un ünne de Asch noch de Funken glimmt? Fier'n, wo Nod un Hartleed bald an alle Dören luert?" (S.12) So stellt Jessen zu Beginn seiner Predigt die Heimatfeste in Frage, kommt allerdings eben durch seine Wertschätzung der Heimat zu ihrer Berechtigung. „De Heimat is de Quickborn, wo Frischwater quellt för't Minschenhart, wenn't möch un trurig is. Könt wi so fiern, dat de Heimat us wedder leew un groot ward, so drinkt wi uns gesund." (S.13)

Die Antwort Jessens, sein Angebot als Prediger, verwundert zunächst nicht. Es ist das Wort Gottes, das in rechter Weise Heimatfeste feiern lassen kann. Was sollte er als Theologe auch anders sagen. Bemerkenswert ist, dass der Gottesdienst nicht Beweihräucherung eines ideologisch geprägten Festes und der dahinter stehenden Bewegung ist, sondern dass diese Bewegung, ihre Feste und der Begriff Heimat erst ihre Berechtigung aus der Schrift erhalten. Heimat als „de Quickborn, wo Frischwater quellt för't Minschenhart" gründet in der Verheißung Gottes an Jakob in 1.Mose 28,13-16 und erfährt hierdurch recht eigentlich ihre Berechtigung. Der Text ist bei Jessen nicht nur frommer Überbau einer Ideologie, sondern grundlegend für sein Verständnis von Heimat.

„Uns Heimat is en Goddeshus. – Is di dat klor?" und „Se schall dat ok bliewen un noch veel bäter ward'n. – Wat deist du dorto?" (S.14) So gliedert Jessen die Predigt in zwei Teile. Er setzt bei seinen Ausführungen mit einer Abgrenzung der Hörer ein. Diejenigen, die ihre Heimat quasi abgeschrieben haben und denen sie nichts mehr bedeutet, die sie „grad so as Esau för'n Töller Arfensup un 'n Stück Speck" verkauft haben, sind gemeint. Jene wechseln „de Heimat as'n Hemd." (S.14) Jessen bedauert sie und hegt nur noch die Hoffnung, dass sie sich auf die Heimat besinnen und Sehnsucht nach ihr empfinden können.

Jessen redet Hörer an, die Heimat verloren haben und diesen Verlust schmerzlich empfinden, denen der Verlust in innerer und äußerer Vereinsamung bewusst wird und die wie Jakob in der Fremde leben. In dieser Situation kann den Einsamen der Zuspruch und die Anrede Gottes zuteil werden, vor dem die Einsamkeit in einer Klage gekommen ist. Der Klagende erfährt Tröstung und durch die Tröstung Erinnerung an erfahrenen Zuspruch der Mutter in der früheren Heimat. Wieder ist Heimat nicht nur lokal und temporal, sondern auch als verlorene Identität verstanden. „Un klagst du em dien Heimweh, denn tröst he di as en Mudder, un denn ward di de Heimat to-'n Goddeshus un but de Brügg vun't Minschenhart to unsen Herrgodd." (S.15)

Mit vielen Bildern führt Jessen den in ideeller oder räumlicher Ferne zur Heimat stehenden Hörer das Bild „dien Heimat" vor Augen. Heimat ist das „Öllernhus", wo die Mutter mit „ehr Hänn.... di de Tranen afwischt," (S.15) wo der Vater über die Kinder wacht, wo das erste Brot gegessen wird. – „Dien Heimat is en Billerbook, un ünner jede Siet steiht schrewen: 'Uns Heimat – en Goddeshus!' Hier hett uns Herrgodd di söcht." (S.16)

Die Himmelsleiter in Jakobs Traum wird nun in zweifacher Hinsicht für Jessen bedeutsam. Zum einen ist sie Bild für den Weg Gottes mit jedem einzelnen Menschen. Der Mensch, hier Jakob sieht im Traum die Leiter von der Stelle ausgehen, die ihm zur Heimat werden soll, die Leiter, an deren Ende er Gott sieht, die ihm zur Verheißung der Verbindung zu Gott geworden ist. „De Heimat wiest hin op uns'n Herrgodd, uns Herrgodd wiest trüg op de Heimat." Der sich seiner Identität bewusst werdende Hörer, so können wir in seinem anderen sprachlichen Duktus fesrstellen, findet so Zugang zu Gott, der ihn transzendierenden Wirklichkeit, und diese Wirklichkeit weist ihn zurück auf die Heimat als Symbol seiner Identität.

In einer meiner Meinung nach großartigen Verknüpfung gelingt es Jessen nun, von der individuellen Verbindung Mensch – Gott zur heilsgeschichtlichen Verbindung zu kommen, denn „uns Glow is nich vun gistern her. He hett en langen Weg makt, vun'n Himmel to de Eer, vun Jakob hin to di." (S.16) Er geht von der Erfahrungswelt der Hörer aus, von der Familienbibel, in der Generationen gelesen und Trost gefunden haben, vom eigenen Kirchenstuhl, der durch Generationen hindurch der Platz war, von dem aus der Gottesdienst gefeiert wurde, wo die Vorväter und der Hörer „hier bi uns'n Heiland in de School güng un hillig Brot ut sien Hänn nehm," (ebenda) und vom Familiengrab auf dem Friedhof. So will Jessen die lange Geschichte des christlichen Glaubens vermitteln und Tradition mit der Gegenwart verbinden. Die nach oben weisenden Kreuze der Gräber werden nun zu einer neuen Himmelsleiter: „De Krüz'n sünd Herrgoddsfinger, de nah baben wiest." (ebenda) Das Kreuz ist der Zentralpunkt der Geschichte Gottes mit dem Menschen. „Vun de irste Minschenweg bet hen to't Krüz op Golgatha, vun uns' Heiland sien Graw bet hen to't letzte Minschengraw – en lange Weg, en swore Weg, en hillige Weg, denn uns Herrgodd güng mit, hett tröst un segend, hett holpen un to Hus bröcht." (S.16) „To Hus" ist Heimat und gefundene Identität bedeutet, sich durch den lebendigen Glauben der Väter angenommen zu wissen und in der Tradition des Heimatglaubens zu stehen. Das ist Gottesdienst der Heimat, und so kann Jessen der Gleichung kommen: „Dien Heimat is en Goddeshus."

Führte Jessen bisher den Satz von der Heimat als Gotteshaus aus, so im Folgenden nun die These: „Uns' Heimat – en Himmelsport." (S.17) Die Jakobsleiter steht auf der Erde, doch die guten Traditionen der Heimat können nach Jessen zu Stufen, die auf dieser Leiter nach oben führen, werden. In diesem Zusammenhang ist der Heimatglaube als Glaubenstradition der Vorfahren von Wichtigkeit, zeigt sie doch dem den Weg zurück zur Heimat. Also zu Gott, der ihn verloren hat. Der Glaube der Heimat ist die eigentliche „Himmelsport", der immer neue Zugang zu Gott. Heimat und Glaube der Heimat sind für Jessen Medium zu Gott hin, in dem die letzte Identität, das endgültige Angenommensein verborgen liegen.

Am Ende des ersten Teiles führt Jessen nun den Hörer zur Erzählung zurück, indem er die Übersetzung des hebr. Beth-El (Haus Gottes) auf die Kirche bezieht: „Hör, wat de Tieden di vertellt, wat Öllernhus un dat eegen Lewen di predigt! Mak sülwst de Prow – ick bün wiß, ok du foolst dien Hänn un bed'st 'Ganz gewiß! De leewe Godd is an disse Städ; denn hier is de Port nah'n Himmel un us' leew Herrgodd sien Hus." (S.18)

Der zweite Teil der Predigt ist nun die Explikation des ersten Teiles mit dem Untertitel: „Se schall dat ok bliewen un noch veel bäter ward'n – Wat deist du dorto?" (S.18) Erneut setzt Jessen bei der Jakobserzählung ein: „Wat Jakob in de Droom süht, is Vergangenheit, wat he föölt, is Gegenwart, awer wat he hört, is Tokunftsmusik. He is noch in de Frömd; wat ünner em liggt, is sien Heimat noch nich." (ebenda) Die Verheißung wird weitergehen und auch für die Zukunft Jakobs und seiner Nachkommen Gültigkeit haben. Die Heimat ist noch nicht endgültig gewonnen, für Jakob nicht – und auch nicht für den gegenwärtigen Hörer. Sie ist verheißen, aber fortwährend bedroht, es gilt, an ihr zu bauen. „Uns Heimat mutt noch ganz anners en Goddeshus ward'n!" Hier wird der Hörer direkt angesprochen und auf die Möglichkeiten seiner Mitarbeit hingewiesen, einer Mitarbeit, die zwar nicht den Gesamtplan der Geschichte Gottes mit den Menschen ändern, aber Hindernisse auf den Weg zur Vollendung dieser Geschichte wegräumen kann.

Bezeichnend ist hier der Satz:"....Godds Segen waßt nümmer vun buten in't Lewen rin, nee, vun binnen rut in de Welt," (S.19) denn nicht mit Gewalt und Kampf soll Heimat gewonnen werden.

Vernichtend ist Jessens Urteil über die deutschen Großmachtträume vor 1914: " Wi hebbt lang drömt vun Weltherrschap, vun dütsche Macht un Herrlichkeit in de grote Welt, wi hebbt drömt all to lang, slapen bet an den hellen Morgen, as dat Gewitter al öwer uns stünn... Sünd wi klook word'n?" (S.19) Heimat kann immer nur von Gott gegeben und zu Gott führend verstanden werden, niemals als Raum, den es zu erobern gilt oder dem nachgetrauert wird: „ Dorüm bu von binnen dien Hus! (Erg. : zum Segen) Truer nich üm dat, wat du nich ännern kannst, awer bög för, wat di Schaden deit." (S.19)

Jessen predigt bildhaft, er illustriert mit zahlreichen ausschmückenden Erzählungen, die er oftmals, dem Stil seiner Zeit entsprechend, bis zur Rührseligkeit überzieht. Begebenheiten aus dem Leben der Hörer, persönliche Schicksale und vermutete Erfahrungen aus Kindheit und Krieg sind ihr Inhalt. Es fällt schwer, aus diesem den Hörer sicher zur Aufmerksamkeit verlockenden Geflecht, stringente systematische theologische Gedankenführung zu erkennen. Zentralbegriff der Predigt ist, dem Anlass entsprechend, Heimat, die auf Verheißung gründet. Heimat ist nicht Selbstzweck, sondern hat mediale Funktion, ist Ort des Glaubens, primär Ort der Geschichte des Glaubens, der so in ihr gewachsen ist, sowohl allgemeiner als auch persönlicher Glaube. So weist die von Gott verheißene Heimat durch den heimatlichen Glauben auf Gott zurück. Daneben ist Heimat im übertragenen Sinne die Identität des Menschen, wenn auch noch eine vorläufige, deren endgültige Erfüllung in der Zukunft Gottes verborgen liegt. Heimat findet der Mensch überall dort, wo er Identität erfährt und sich seiner Identität als Angenommener bewusst werden kann. So haben beide Aspekte der Heimat, der funktionale und der ontologische, ihren Schnittpunkt im Glauben der Heimat, dem Glauben an den Gekreuzigten, weil in der Erfahrung der Annahme im Glauben Identität gefunden wird. So ist Heimat überall dort, wo der Mensch sich im Glauben als Sünder, denn Annahme ist Vergebung, angenommen weiß und so zur Liebe befähigt wird. „Mit Leev ward de Welt but; Egennutz ritt all'ns hendal. Un wo lehrst du dat? Nich bi di sülb'n, nich bi de annern; awer in unsen Heiland sien School, ünner uns Heiland sien Krüz." (S.19) Dass daneben Heimat auch in ihrer herkömmlichen Bedeutung geschrieben wird, einer Bedeutung, die uns heute in ihrer pathetischen Verherrlichung der Bodenständigkeit weitgehend fremd ist, bedarf keiner weiteren Explikation, es ist Stil und Meinung der Zeit. Wichtig bleibt, dass Jessen Heimat auch anders denken konnte und gedacht hat.

Andere plattdeutsche Prediger jener Jahre

Im selben Band erschien nun auch eine Predigt von **Johannes Lensch** (1871–1942), lange Zeit Pastor in Flensburg, über Markus 12, 41-44: „Un Jesus sett sick liek äwer vun de Goddeskasten un seeg to, wo de Lüd Geld inlegg'n in de Goddeskasten. Un dor keemen veel rieke Lüd, de leggten veel Geld in. Un dor keem en arme Wetfru, de legg twee Scherflein in – de maken tosamen en halwe Penning. Do reep he all sien Jüngers to sik un sä to se: Wohli, ick segg jüm, disse arme Wetfru hett mehr inleggt in de Goddeskasten, as all de annern, de wat inleggt hebbt. Denn de annern hebb'n all wat inleggt vun dat, wat se öwer harrn, disse Wetfru hett vun ehr Armot inleggt all'ns, wat se harr, wo se vun lewen schull." (S.4) Die Geschichte wird im Anschluss an die Textlesung sofort angewandt: „De arme Wetfru gew all'ns, wat se harr, in de Goddeskasten. All'ns, wat wi hebbt, dat hebbt wi vun Godd, un all'ns is vun Rechtswegen sien eegen. Wi hebbt dat bloots lehnt kregen för de Tied, dat wi hier lewen, un schüllt dat bruken em to Ehr un in sien'n Deenst." (S.4)

Dieser exegetische Leitgedanke wird auf die homiletische Situation dieses Gottesdienstes bezogen: „Dat is jüst so, as schüll dat so wesen, un as schull Godds Word uns extra mahnen: Denkt an de dütschen Bröders dor baben in Nord'n un helpt se, dat se dütsche Karken un Schoolen in ehr ole Wies hebb'n könt. Denn wat wi vandag' bi uns in de Karken sammelt, dat schall för de dütschen Schoolen un Karken in Nordsleswig sien." (S.4)

Innerhalb kürzester Zeit ist Lensch so bei der Nordschleswigfrage angelangt und kündigt die Kollekte als gutes, gottgefälliges Werk ab. Die wesentlichen Aussagen der Predigt sind damit schon gemacht. Der folgende Hauptteil ist nur eine Begründung der einleitenden Aufforderung zur reichlichen Spende durch die ebenfalls im Gottesdienst verlesene Epistel aus Röm.3,23-28. Hier kann Lensch die Verbindung von der Epistel zum Text ziehen und unter dem Hauptthema: „Vergitt nich, wat du uns'n Herr Godd schülli bist!" die beiden Unterthemen
„1. Wat giwt he di? Fragt de Epistel." Und
„2. Wat giwst du em? Mahnt dat Evangelium." (ebenda) verhandeln.
Die erste Frage, was Gott dem Menschen gebe, erfährt eine mehrfache Antwort. Zum einen sind es Gesundheit, Nahrung und die Befriedigung sonstiger Bedürfnisse, die Kinder und eine gute Ehe, zum anderen aber sofort wieder die Heimat Nordschleswig als Gottesgabe; wieder ist im Folgenden das Thema der Predigt in extenso zu finden: „Un wi Flensborger hebbt je noch extra veel to danken un allen Grund, vergnögt to wesen..... Dat weer mehr as eemal neeg doran, dat ok Flensborg in Gefahr stünn, dän'sch ward'n, un dat gew veel Lüd, de fast dormit räken, un denn harrn wi unse Heimat verlor'n hat." (S.5) Die letzten Worte zeigen deutlich den Unterschied zu Jessen. Für Lensch ist Heimat nur lokal zu verstehen. Das bestimmte und genau abgegrenzte Gebiet als

Herkunftsland und Wohnsitz des Menschen in enger Verbindung zur gesamten Nation als Vaterland ist die Heimat. Schleswig wäre für Lensch nicht mehr Heimat, stünde sie, statt Teil Deutschlands zu sein, unter dänischer Herrschaft. Heimat ist hier Patriotismus und Nationalismus, plattdeutsche Predigt Ausdruck derartiger Gesinnung. Hier ist eine Verbindung zu sehen, die sich nach 1933 verhängnisvoll ausgewirkt hat.

Doch kommen wir auf Lensch zurück. Seiner Meinung nach könnten die Flensburger Gott danken, dass sie vor einem Verlust der Heimat in Gestalt eines Flaggenwechsels bewahrt worden sind, und er fordert seine Hörer auf: „Leewe Frünn, lat uns vandag', an disse Opferdag, man jo nich vergeeten, wo dat mit uns bestellt weer. Denn ward wi noch dankbor ward'n, an de to denken de nu gegen ehr'n Willen dör Gewalt un Unrecht dwungen sünd, mit ehr dütsche Hart un ehr dütsche Gedanken ünner Dänemark to lewen." (S.6)

Nun bleibt Lensch allerdings nicht nur bei Gesundheit, Familie und Heimat als Geschenke Gottes stehen, sondern kommt auf die einmalige Gabe des Sohnes, auf die Heilsbedeutung des Kreuzes Christi zu sprechen, ohne allerdings hierbei die dogmatischen Formulierungen zu verlassen, so dass die Christologie merkwürdig aus dem sprachlichen Duktus der sonstigen Predigt fällt und zumindest in dieser Hinsicht ein Fremdkörper bleibt: „...Jesus sien Krüz is Wohrheit, un wer op Jesus sien Blood un sien Krüz sick verlaten will, de schall sick segg'n: Unse Herr Godd, de allmächtige, hillige un gerechte Godd hett uns doch leew, so as en Vadder sien Kind leew hett, un wenn et ok noch so düster is, he makt dat doch wedder hell." (ebenda) Besonders nach überstandener Gefährdung und Anfechtung wird dem Menschen die Führung Gottes sichtbar. „Je gröter de Gefohr is, je mehr freut wi uns, wenn uns' Herr Godd uns dat gewen deit, dat allen wedder good ward. – Harrn wi uns sünst wol so freit, as wi domals in de März uns friestimmen – as de Klocken mirrn in de Nacht güng'n öwer uns dütsche Stadt un wi all sungen: Nun danket alle Godd!" (S.7) Überstandene Not lässt nach Lensch bekennen: „He denkt an di – denkst du ok an em?" (S.8)

Die Frage: „Denkst du ok an em?" ist für Lensch gleichbedeutend mit: „Wat giffst du em?" Unter Hinweis auf die arme Witwe, die restlos alles, ihren gesamten Lebensunterhalt, ja sich selbst gab, wehrt Lensch Einwände ob der schweren Zeiten mit ihren Sorgen und Nöten ab. Der Bibelvers „Wer de Armen wat giwt, de lehnt den Iewen Godd wat" (Spr.19,17) ist nun Anlaß zu einem letzten massiven Spendenaufruf als Antwort auf die Frage „Wat giwst du em?" Die Hörer sollen mit Herz, Seele und vor allem Geld für die Landsleute in Nordschleswig eintreten: „Se bruken jem Hölp. Se bruken jem Geld wiß nich mal so nödig as jem Hart un jem Kraft. ...Se bruken dat awer to allermeist, dat wi se helpen, dütsche evangel'sche Schoolen un Karken to kriegen, so as se se bruken un hebb'n möt. ...Leewe Frünn! Dat is gor keen Frag' dat wi för keen'n bätern Zweck vandag' sammeln könt, as dat uns nordsleswiger Bröder dütsche Karken un Schoolen kriegen doot. De holt se gesund un makt de to dat, wat se wesen schüllt: starke, stille oprechte, frame Minschen, de in Standhaftigkeit un tru uthol'n 'bis ein schön'rer Morgen tagt.'" (S.10) Lensch setzt seine Hörer unter Druck: „Unse Herr Jesus sitt ok vondag' bi de Goddeskasten un süht to, un he süht nich blots op dat Geld – he süht in't Hart." (ebenda) Nach zwei Beispielerzählungen, die vom Nutzen des unvoreingenommenen Gebens handeln, schließt Lensch mit dem Kampfruf: „Sleswig-Holstein, up ewig ungedeelt!"

Schwierigkeiten tauchen immer auf, werden zwei Prediger miteinander verglichen. Ihre Lebensläufe und ihr theologischer Standpunkt divergieren oftmals so stark, dass ein Vergleich schwerfällt. Dennoch müssen wir bei Jessen und Lensch den Versuch wagen, denn beide predigen plattdeutsch, beide am selben Tage in derselben Stadt, beide aus demselben Anlass eines Heimatfestes, das ohne Zweifel der Abgrenzung zum feindlichen Nachbarn Dänemark galt, und beide Prediger halten die Predigt anhand unterschiedlicher Texte über den Begriff Heimat. Diese Gemeinsamkeiten reizen zum Vergleich der Unterschiede.

Wenden wir uns hierbei zunächst der Sprache zu: Jessen predigt bildhaft, er vermeidet weitgehend dogmatische Formulierungen und die Explikation theologischer Richtigkeit, während Lensch oftmals nicht an ihnen vorbeikommt. Doch auch bei Lensch ist der Stil durch zahlreiche Beispielgeschichten aufgelockert, wobei der gesamte Duktus der Predigt streng und ermahnend, allerdings nicht väterlich, sondern moralisch fordernd, scheint. In weiten Teilen besteht sie aus Klage und Spendenaufruf. Gerade der strenge ermahnende Stil lässt aber den Aufbau der predigt klar erkennen, weil Lensch auf den Hörer verwirrende Nebengedanken im Gegensatz zu Jessen verzichtet. Klar gliedert er in Teile und kommt stringent auf die Explikation des Schlussgedankens, den er bereits in der Einleitung vorweggenommen hat. Der Hauptteil der Predigt sind Ausführungen der Einleitung und des Schlusses und deren fundamentale Begründung. Der eigentlichen Skopus des Textes, die Forderung nach unbedingter Hingabe der gesamten Existenz an Gott, hat Lensch zwar erkannt und kurz erwähnt, aber dann in der Anwendung zu banal auf die Forderung nach einer guten Kollekte, verbunden mit sonstiger Aktivität für Nordschleswig, verflacht. Eine derartige Anwendung ist zu direkt, und das ist nicht nur eine Frage des Stils, sondern ein theologischer Einwand, denn dieser Aufruf ist nicht Folge und Applikation einer exegetisch erhobenen vollkommenen Hinwendung der Existenz zu Gott, sondern die Kollekte ist als Applikation Selbstzweck dieser Predigt geworden.

Lensch fordert seine Predigthörer auf, für Nordschleswig einzutreten, damit die Deutschen dort ihr Deutschtum bis zu einem erneuten Anschluss an das Reich wahren können. Die Heimat ist für Lensch Selbstzweck, sie rechtfertigt sich aus sich selbst heraus, und damit ist sie Ideologie geworden. Er meint ganz konkret Schleswig-Holstein, wenn er Heimat sagt, jenes Schleswig-Holstein, das dem alten Kampfruf getreu auf ewig ungeteilt sein soll. Die Predigt ist hierbei nur Mittel zum Zweck.

Jessen bindet Heimat nicht an eine konkrete Landschaft und Heimatlosigkeit nicht an bestimmte historische Ereignisse. Historische Ereignisse sind für ihn Hinweise Gottes. So ist der eben vergangene I. Weltkrieg ohne alles Pathos Ausdruck des Gerichtes Gottes über die Vermessenheit des wilhelminischen Deutschland. Vergleichen wir die vorliegende Predigt mit Äußerungen in seiner „Chronik des Kirchspiels Kosel", die, kurz nachher geschrieben, authentische Aufzeichnungen aus der Zeit des Kriegsausbruches enthält, so wird auch hier der Wandel in Theologie und politischer Anschauung Jessens vom forschen jungen Pastor zu einem die Dinge mehr durchdenkenden Mann in den Jahren nach Kriegsende deutlich. In keinem Teil dieser Predigt wird der Verlust Nordschleswigs, den er zweifellos als schmerzlichen Verlust empfunden hat, wie er im ersten Teil seines Universitätsvortrages auch bekannte, erwähnt. Heimat wird transzendiert und zum Hinweis auf die eigentliche Heimat des Menschen bei Gott. So hat er zumindest einen wichtigen exegetischen Gedanken seines Textes für die Gegenwart seiner Hörer ausgelegt. Die Aussage seiner Predigt folgt aus der konsequenten, wenn auch mit Nebengedanken angereicherten, Auslegung des Textes und ist nicht an ihn herangetragen.

Der Wert dieser Predigt liegt in der versuchten theologischen Begründung der Rede von der Heimat jenseits aller Ideologie. Dass ein Prediger dies im Jahre 1920 in einer Stadt unmittelbar an der neuen dänischen Grenze getan hat, ist bemerkenswert. Das Thema selbst ist zeitgebunden und aus der Zeit heraus zu verstehen; dass es auch anders ausgelegt werden konnte, zeigt die Predigt von Joh. Lensch.

Der Predigtband enthält noch zwei weitere Predigten, auf die hier kurz eingegangen werden soll. Die erste ist von Pastor **Adalbert Paulsen** (1889–1974) aus Krummendiek, dem nachmaligen Landesbischof von Schleswig-Holstein. Er predigte über Hesekiel 3, 22-24 in der Marienkirche. „Uns' Herrgodd nöhm mi bi de Hand un sä to mi: Mak di prat un gah herut op't Feld, dor will ick mit di spräken. Un ick mak mi trech un güng herut op dat Feld. Un süh, dor stünn de Herrlichkeit vun unsen Herrn, grad so, as ick se sehn harr an't Water Ehebar. Un ick füll dal op mien Angesicht. Dor keem en Erquickung öwer mi, un ick keem wedder in de Been. Un he spröök mit mi un sä to mi: Gah un slut di in dien Hus!" (S.21) so übersetzt Paulsen seinen Text. Auch er nimmt die Ereignisse in Nordschleswig zum Einstieg in seine Predigt und legt die Schwierigkeit dar, in seiner Zeit der Not die Frohe Botschaft zu verkünden. Der Abschnitt aus Hesekiel ist ihm aber nun Weg zu einer Predigt, die ermutigen soll. Gott lädt ein, er wartet auf den Menschen, er lässt sich, so Paulsen, in der Natur und in der stillen Betrachtung der Gaben Gottes suchen und finden. Die Ruhe und Stille führen den Menschen zu Gott, lassen ihn neu hören und zwar nicht nur in der Natur, sondern vor allem im Gottesdienst, im Zuspruch der Sündenvergebung. Sie trägt hinaus aus der Kirche hinein in den Alltag, indem der Segen gleichsam aus der Kirche in die Häuser getragen wird und der Mensch Antwort erfährt. Gott wartet auf den Menschen, will nach sich fragen lassen, so schließt

Paulsen. Das Warten Gottes auf den Menschen wird nun in der Anwendung auf das Warten des Menschen in Nordschleswig übertragen. Sie warten auf Kontakt und auf Gaben. Auch Paulsen kommt nicht umhin, die Kollekte mit in die Predigt einzubauen, jedoch ist sie hier, im Gegensatz zu Lensch, als Konkretion der Predigt, als Antwort auf den Zuspruch verstanden, während Heimat in vielen Bildern durch die Predigt den Hörer beschreibend zur Hauptaussage: „Dien Herrgodd töwt op di!" (S.23) hinführen soll.

Der vierte und letzte in der Reihe der Prediger, Pastor **Heinrich Kähler** (1874–1941) aus Flensburg, predigte wie Lensch über Markus 12,41-44. Er setzt mit einem kurzen historischen Rückblick auf den Flensburger Generalsuperintendenten Stephan Klotz ein, der 1639 den Gebrauch der plattdeutschen Sprache auf den Kanzeln verboten hatte. Kähler bedauert das, denn erst in der vertrauten plattdeutschen Sprache kommt das Wort recht eigentlich zum Menschen: „Un wenn dat Evangelium in plattdütsche Sprak to uns kümmt, denn is dat so, as wenn de Heiland dörch unse Land wannert." (S.28) Der Text wird auf die Gegenwart Christi im Gottesdienst bezogen und nun unter dreifacher Fragestellung ausgelegt. Zum einen, ob der Hörer wirklich ganz und gar zu seinem Volk gehöre, zum anderen, ob er auch einen klaren Blick für seinen Mitmenschen habe und drittens, ob er wisse: Dass man reich sein und anderen etwas schenken könne, auch wenn man selbst bettelarm ist. Alle drei Fragen hängen für Kähler eng zusammen. Die wirkliche Zugehörigkeit zu seinem Volk erweist sich nicht in patriotischen Liedern und Wappen in der Stube, sondern erst dann, wenn die Liebe zum Volk die Liebe zum Menschen als Teil des Volkes mit einbezieht, nicht als Mittel zum Zweck, sondern in Totalität, so wie sich auch Jesus dem Menschen total zugewandt hat. Erst so kann Gemeinschaft im Volk entstehen, Gemeinschaft untereinander und mit Christus. Hieraus ist die Forderung nach einem klaren Blick für den Nächsten abgeleitet, der nicht durch Äußerlichkeiten getrübt wird. Dieser Blick ist notwendig, soll das Reich Gottes in Gang gesetzt werden können, wobei Kähler davon ausgeht, dass hierzu etwas vom Menschen beigesteuert werden muss, und zwar die Unvoreingenommenheit. Sie ist das Gegenteil jener Blindheit, die den anderen nicht sehen kann, ihn nicht beachtet und gleichgültig an ihm vorübergeht. Er stellt fest: „Un wo kann dat doch riek maken, wenn man sick ünnereenanner kümmern deit!" (S.32) Dies ist zugleich die Beantwortung der dritten Frage. In der eigenen Not, die dennoch dem anderen zu schenken vermag, wird im Geschenk eigener Reichtum erkannt. Bemerkenswert ist der Schluss der Predigt: „He (scil.: Christus) will us geern helpen... dat wi richtige Schleswig-Holsteener (Erg.: ward), de nich blots dorbi sünd, wenn dor wat los is, sonnern de ehr Heimat un de Minschen in de Heimat leew hebbt un dor um arbeid'n un bed'n dohn." (S.33)

Beide hier in Kürze behandelten Predigten legen ihren Text aus, ohne in Kampfstimmung oder Forderungen nach Rückgabe verlorener Gebiete auszuarten. Im Gegenteil, beide Prediger warnen entschieden vor derartigen Gedanken. Obwohl sie Heimat in zahlreichen Bildern pathetisch beschreiben, dient dies nur der Hinführung zu den Hauptaussagen der jeweiligen Prediger. Allerdings wird Heimat auch bei ihnen verherrlichend und einseitig positiv auf Schleswig-Holstein bezogen. So können hier Fragen nach der Identität des Menschen als seiner Heimat, anders als etwa bei Jessen, deshalb nicht beantwortet werden, weil sie gar nicht im Blickfeld der Predigt auftauchen. Die Predigten sind zeitgebunden. Das gilt in einigen Passagen, wenn gleich nicht für die Grundgedanken der ganzen Predigt, auch für Jessen.

Der Domprediger zu Schleswig

Knapp elf Jahre war Johannes Jessen Pastor der kleinen Gemeinde Kosel. Er hatte sich hier wohlgefühlt, und er war zu einer größeren inneren Festigkeit gelangt. Doch ein Wechsel war notwendig, wollte er nicht für immer in seiner ersten Gemeinde bleiben. So folgte er einem Ruf nach Schleswig und wurde am 29. Januar 1922 als Pastor in die 2. Pfarrstelle am Dom zu Schleswig, der „ersten Kanzel des Landes", wie er sie später einmal ironisch genannt hat, eingeführt.

Schleswig war als Stadtgemeinde von der vorigen in Kosel grundverschieden. Sie war vielschichtiger strukturiert und bildete keine eigentlich geschlossene Einheit wie Kosel. Die Gemeinde umfasste den bürgerlichen Mittelstand, Beamte, Kleinhandwerker und Arbeiter. Zu den beiden letztgenannten Gruppen entwickelte Jessen ein geradezu herzliches Verhältnis, es waren die „kleinen Leute", zu denen er sich besonders hingezogen fühlte.[57]

Der Prediger auf dieser Kanzel war, wie bereits erwähnt, nicht mehr derjenige der ersten Zeit in Kosel. Aus dem liberalen Theologen der Schule Baumgartens wurde der „mittel konservative" Pastor der „neuen Theologie des alten Glaubens", wie der Freund Pastor Moritzen ihn schildert. Über diesen allmählichen Richtungswechsel nach Ablauf des ersten Amtsdezenniums kühlte sein bisher enges Freundschaftsverhältnis zu Peter Gottfriedsen merklich ab. Man traf sich zwar hin und wieder, auch Bernd, der Sohn Gottfriedsens, wohnte zeitweise bei Jessen in Schleswig, um dort die Schule zu besuchen, doch die gemeinsame theologische Basis wie seinerzeit an der Schlei war nicht mehr gegeben.[58] Jessen war aber ein Mensch, der ohne Freundschaften nicht leben konnte. Die schon bestehende Verbindung zu Moritzen wurde in Schleswig, und dann besonders in Kiel, intensiviert. Auch der Schwager von Hedwig Jessen, Pastor Hans Schröder (1877–1943) in Wacken, wurde zum Freund und Vertrauten[59], den er oft besuchte.

Jessen war als Inhaber der zweiten Pfarrstelle am Dom lediglich Konpastor. Das Hauptpastorat hatte seit 1922 Wilhelm Meyer inne, der zuvor selbst von 1911 Konpastor am Dom, also Jessens unmittelbarer Amtsvorgänger, war. Zu ihm vermochte Jessen keine freundschaftlichen Bande zu knüpfen, ja, es entwickelte sich nicht einmal ein einigermaßen kollegiales Verhältnis zwischen den beiden Pastoren. Im Gegenteil, sie hatten häufig Streit miteinander. Sicher haben Jessens aufbrausendes Temperament und sein Stolz das ihre dazu beigetragen. Bereits im Jahre 1923 machte der Kirchenvorstand der Domgemeinde, dem der Hader zwischen beiden Geistlichen verständlicherweise nicht recht war, eine Eingabe an Propst Johann Sommer in Schleswig, er möge doch dahin wirken, dass die beiden Pastoren möglichst einträchtig nebeneinander arbeiteten.[60] Bei einer daraufhin anberaumten Visitation der Domgemeinde am 14. Okt. 1923 entsprach der Propst dieser Eingabe „durch eine längere seelsorgerliche Bemühung."[61] Dennoch kam es zwischen Jessen und Meyer immer wieder zu Streitigkeiten.

Ungeachtet jener Vorfälle war Jessen als Prediger in Schleswig sehr beliebt. Seine Gemeinde hörte ihn nach Aussagen seiner Freunde gern und auch sein Propst beurteilt ihn im erwähnten Visitationsbericht: „Jessen besitzt eine schöne, populäre Redegabe, die mehr das Gemüt packt." (ebenda) Johannes Moritzen berichtet hier Ähnliches, indem er meint, Jessen habe gerne gepredigt, ja im Mittelpunkt der ganzen Arbeit in Schleswig habe die Predigt gestanden. Er sei ein sehr „rhetorischer Redner" gewesen, der „auf starke Wirkung" seiner Predigt berechnend, die Rhetorik bewusst pflegte.[62] So liegt in seinen Predigten oft ein starkes Pathos, und es ist nicht immer leicht, den theologischen Kern herauszuschälen. Für den Hörer waren aber Jessens Predigten, wie auch Sommer urteilte, angenehm und verständlich anzuhören. Jessen wurde oft als Gastprediger zu verschiedenen Anlässen in andere Gemeinden der näheren und weiteren Umgebung gerufen; auch das Niedersachsenjahrbuch verzeichnet ihn als Prediger.[63]

Sünnenstrahln ut usen Herrgodd sin Welt

1926 gab Jessen seine erste und einzige Predigtsammlung heraus. Sie erhielt den Titel: „Sünnenstrahln ut usen Herrgodd sin Welt."[64] Mitarbeiter waren neben dem Herausgeber die Pastoren Prof. D. Amandus Weinreich, Karl Schröder, Johannes Lensch und Wilhelm Mildenstein.

Die Predigten und Ansprachen dieses Buches begleiten den Leser durch die Hauptfestzeiten des Kirchenjahres. Sie sind als Einheit in der Vielheit der Prediger gedacht. So erscheinen auch die Namen der Pastoren nicht bei den Predigten, sondern Textüberschriften leiten den Leser von einer Predigt zur anderen. Lediglich das Inhaltsverzeichnis nennt, gleichsam als Wegweiser, die Prediger, den Ort und die Zeit. Die Reihe beginnt mit Weihnachten und wird dann über die Passionszeit hin zu Ostern und Pfingsten fortgeführt. Den Schluss bildet eine Predigt zum Totensonntag. Dazwischen findet der Leser Predigten zur Sinnfrage, zur Stellung des Menschen zwischen Gut und Böse und eschatologische Predigten. Es wird versucht, ein weites Feld der Predigt zu bestellen und den Leser durch viele Bereiche christlicher Frömmigkeit zu führen. So sind es in der Tat Strahlen, die von einem zentralen Thema, der Liebe Gottes zu den Menschen, in alle Richtungen ausgehen und immer neue Aspekte menschlicher Existenz vor Gott ausleuchten. Hier ist die Klammer zu sehen, die diese Predigten umfasst und das Buch über eine bloße Predigtsammlung hinaushebt. Da es unmöglich ist, die einzelnen Predigten hier zu vergleichen, soll stellvertretend eine weitere Predigt Jessens vorgestellt werden, die ihn als Prediger charakterisiert.

„De Weg dörch dat Düstere an unsen Herrgodd sin Hand"
Predigt über 1. Mose 22, 1–14, 19   (S.62 f.)

Der Einstieg der Predigt setzt sich mit dem Gottesbild des Hörers auseinander, um so eine erste Abgrenzung vorzunehmen. Diese Geschichte „is nich na jedermanns Gesmack" (S. 63), sie stößt vor allem diejenigen ab, die sich „na ehrn eegen Kopp unsen Herrgodd sin Bild torecht" (S. 64) machen. Zu einem Gott „in de beste Stuv" (ebenda) passt diese Geschichte nicht, sie will vielmehr den Gott vor Augen stellen, der den Menschen auf Proben stellt und ihn in Anfechtungen führen kann, aber der dennoch das Heil des Sünders auch in Anfechtungen will. „De Bibel giwt keen Leckerkram, de den Magen verdarwt, ne drög Brot un en frischen Sluck Water, wovun de Seel gesund un dat Hart jung bliwt." (S. 65)

Von diesen Prämissen aus wird das Thema in zwei Richtungen entfaltet: „Wi wüllt bedenken
1. Wodenni wi uns torecht find'n schüllt un
2. Wodenni uns Herrgodd dorför sorgt, dat dat hell ward.
Die Entfaltung beginnt mit der Beschreibung des wechselvollen und harten Lebens Abrahams. Gerade solche Abraham leben auch heute noch und an ihnen zeigt sich: „Dat Minschenlewen is unsen Herrgodd sin Hillige Warkstäd," (ebenda), in der der Lebensfaden

gesponnen wird und in dem dann auch Knoten (Proben) eingebaut sind. Jessen möchte nun den Hörer erkennen lassen: Abraham bin ich, auch mein Lebensfaden hat Knoten, Proben, die mit zum Menschenleben gehören, die „uns Herrgodd sülben fastsneert (hett)". (S. 66)

Wieder blendet das Bild zum Abraham der Bibel zurück. Jessen erzählt die Geschichte Abrahams nach, der Versuch den Hörer etwas von der Vorgeschichte der Perikope in 1. Mose 22 spüren zu lassen. Er erzählt anschaulich, Abraham wird in das Schleswig der zwanziger Jahre geholt: „Dat wär en hitten Sommerdag west. Abraham seet in'n Lehnstohl vör de Dör..." (ebenda), so führt Jessen seine Erzählungen ein. Abraham wird von Gott auf die Probe gestellt, und sie führt nach menschlichem Ermessen in Tod und Grab. Auf eine ähnliche Probe wird auch der Hörer, so vermutet Jessen, schon einmal gestellt worden sein. Der Weg in die Dunkelheit der Anfechtung ist ein Weg Gottes, denn „öwerall, wo dat düster ward, is uns' Herrgodd an't Wark un but en Hilligdom." (S. 68) Hilfe und Trost in der Dunkelheit der Anfechtung kann allein das Gebet bieten. Im Gebet, auch im stillen, schweigsam ergebenen Gang, wie er in 1. Mose 22 beschrieben wird, ist die Nähe Gottes, das Licht deutlich. Ständig blendet Jessen zwischen Abraham und dem Hörer hin und her. Er weist zurück in die unmittelbare Vergangenheit des Ersten Weltkrieges: „Kennst du düssen Gang? Denk tein Johr trüg. Weetst du noch, as du din leew Jung dat letzte Bündel sneeren däst?....de Dood folg em up de Spor....so güngen ji still un swiegsam mit enanner. Un doch wär' t bi ju veelicht en beten anners. Domals gäw en Kaiserwort den Utslag; awer gäw unsen Herrgodd sin Wort noch den rechten Inslag? Erst denn ward dat Hart still, erst denn lehrt wi swiegen, erst denn seht wi Licht, wenn't buten ok noch so düster bliwt." (S. 69)

Durch mehrere Beispielgeschichten erklärt Jessen dieses „hillige Swiegen" (S. 70) als ein sich in den Willen Gottes ergeben. Dies ist der letzte Knoten im Lebensfaden des Menschen; die letzte Probe ist der Tod. Abraham war bereit, das letzte zu opfern, sich bedingungslos in den Willen Gottes zu ergeben, doch da „fallt en unsichtbare Hand Abraham in'n Arm: ...'Du hest de Prov bestahn!' (S. 71)

Gott fordert, so Jessen, von Menschen volles Vertrauen in seinen Weg, der dem Betroffenen oft dunkel erscheint. „Ik reken anners as du, awer wer sick an mi holn deiht, an min Licht, de verrekent sick nich." (S. 72)

Jessen holt seinen Hörer in der Trauer um die Gefallenen ab, die Gott gefordert hatte. Er erinnert an Golgatha, als Gott seinen Sohn gegeben hat. So entscheidet sich nach Jessen Golgatha, wie sich die Hörer zur letzten Probe, zum letzten „Knüt", stellen: „Finnst du unsen Herrgodd up Golgatha, denn sühst du din leew Jung dor baben in unsen Heiland sin Vaderhus. Seggst du 'verloren' – denn bliwst du verloren. Seggst du: 'unsen Herrgodd hingewen' – denn finnst du di torecht, denn weetst du dat Leewste borgen bi em." (S. 73) Jessen schließt mit: „He (scil.: Gott) sorgt dorför dat dat hell ward -, solang du hier wannern musst, he sorgt ok dorför, dat dat hell bliwt, wenn he di ropen deit." (ebenda)

Es ist erstaunlich, wie Jessen den Text seinen Hörern verständlich macht. Erzählung, Bericht aus der Gegenwart, Beispiele und Textzitate sind ineinander zu einem durchgängigen Ganzen verwoben. Selbst der Leser unserer Tage kann noch etwas von der tiefen Wirkung der Predigt auf die damaligen Hörer spüren.[65] Jessens Sprache hat nichts von ihrem Reichtum und ihrer Tiefe verloren. Sie ist nicht banal oder heiter, denn er vermeidet in seinen

Predigten jede künstliche Heiterkeit durch Wortspiele, Döntjes, Schnäcke oder dergleichen. Bei allem Reichtum des Ausdrucks ist gerade diese Predigt von schlichter Tiefe und, es ist kaum anders zu nennen, Ergriffenheit, die allerdings gelegentlich in Rührseligkeit umschlägt.

Jessens Krankheit ab 1924

Das Leben der Familie Jessen war nicht ungetrübt. Sowohl Jessen selbst als auch seine Frau waren krank. 1937 schreibt er rückblickend an seinen Verleger Vandenhoeck & Ruprecht in Göttingen: „Mein ganzer Lebensweg ist ein Weg schwerer Sorgen gewesen. Seit über 20 Jahren war die Krankheit in unserem Hause ein ständiger Gast Ein schweres Herzleiden meiner Frau machte ihr die volle Betätigung im Hause fast zur Unmöglichkeit. Wenn wir sie noch haben dürfen als Mittelpunkt der Familie, so ist das, menschlich gesprochen, nur dem vielfachen Gebrauch von Herzkuren zu danken. Ich selbst bin seit 1924 Diabetiker. Die Kuren haben Tausende gekostet, eine Belastung, die bei den heutigen und früheren Besoldungsverhältnissen auch bei bescheidensten Ansprüchen an das Leben nicht auf Dauer tragbar ist, zumal die Krankenkasse weder für das Leiden meiner Frau noch für das Meinige beitragspflichtig ist. Soviel zur Erklärung meiner äußeren Lage."[66] Durch die schon erwähnte Freigebigkeit des Ehepaares gegenüber Freunden und Gästen erhöhten sich die Ausgaben des Haushaltes noch um einiges. Jede seelische Schwankung schlug sich auf das Allgemeinbefinden Jessens nieder, er neigte gelegentlich zu Depressionen: „Dazu kommt die Sorge als solche. Sie frisst an der Seele gerade des Zuckerkranken. Sorge und Zucker sind gleichsam elektrische Ströme, die sich gegenseitig verstärken. Da ich strengste Diät seit 13 Jahren halte, vermag ich durch Selbstzucht den Zucker zu bändigen. Meine Arbeitskraft hat in keiner Weise gelitten..." (8. Oktober 1937) Das Leben der Familie und Freunde kreiste nun oft um die Krankheit Jessens und die erforderliche Diät. Er war kein Hypochonder, doch liebte er es, ob seiner strengen Selbstdisziplin bewundert und bedauert zu werden.[67] Auch in dem Brief an den Verleger geht er nicht weiter auf das Herzleiden seiner Frau ein, sondern schreibt von sich: "... sobald sich seelische Lasten in Gestalt der Sorgen einstellen, dann 'schlagen' diese gleich auf den Zucker. Ich muß also stets auf der Hut vor dringenden Sorgen sein, um im körperlichen und seelischen Gleichgewicht zu bleiben. Ich tue zwar alles, was in meinen Kräften steht, um mich der Sorgen zu entschlagen, lebe ganz für mich,[68] treibe keinerlei Aufwand, suche mir die notwendigste Erholung im Sommer durch Kurpredigerdienste zu verdienen. ..."

Trotz alledem konnte Jessen 1937 feststellen: „...Meine Arbeitskraft hat in keiner Weise gelitten. Ich freue mich einer seltenen geistigen Frische. Die Arbeit auf der Kanzel und am Schreibtisch absorbiert keine Kräfte, die für meinen Gesundheitszustand untragbar wären. ..." (8.Oktober 1937) In der Antwort vom 13. Oktober bekundet der Verleger Jessen sein tiefes Mitgefühl. Daraufhin nimmt er, und das ist wohl charakteristisch für ihn, das Thema Krankheit in einem weiteren Schreiben wieder auf. Primär war es eine Korrespondenz um finanzielle Fragen, doch Jessen kam nicht umhin, diesen Geschäftsbrief zu beginnen: „Ihren so freundlichen Brief vom gestrigen Tage möchte ich postwendend beantworten. Ihr so teilnahmsvolles Verständnis für meine persönliche Lage hat mir so wohlgetan. ...Ja, man sieht es mir glücklicher Weise nicht an, dass ich chronisch 'leidend' bin. Das ist der Segen einer seit vielen Jahren aufs Strengste gewahrten Diät. Und – mit den wachsenden

Jahren komme ich immer etwas weiter aus der eigentlichen Gefahrenzone heraus."

Bei seiner Diät legt Jessen eine hohe Selbsteinschätzung an den Tag: „Ich bin völlig immun gegen jede Verlockung zum Genuss einer mir verbotenen 'Frucht'. Nur eine Zigarre ist mir noch als Genussmittel geblieben, die aber verteidige ich mit äußerster Kraft."[69]

Bedenkt man, wie gering die Erfolge der Medizin seinerzeit bei der Diabetes waren und welche Kraft diese Krankheit dem Patienten und seiner Familie abverlangte, - die Diät musste ja nicht nur gehalten, sondern auch zubereitet werden – dann ist es eigentlich erstaunlich, was Jessen noch geleistet hat. Und das nicht erst ab 1937, als er jene hoffnungsvollen Briefe an den Verleger schrieb, sondern bereits nach Beginn der Krankheit im Jahre 1924. Ab 1924 beginnt ja erst sein Bekanntheitsgrad zu steigen, fängt er an, konzentriert und systematisch an der Übersetzung zu arbeiten, seit den zwanziger Jahren erst tritt er häufiger als Gastprediger in Erscheinung, und Mitte der zwanziger Jahre wurde er gebeten, auch Rundfunkgottesdienst zu halten. Eine dieser Rundfunkpredigten, sie datiert auf den 13. Februar 1927 aus Kiel, ist gedruckt erhalten.

„Denk an den Fierabend"[70]

Die Predigt wurde von Jessen über Matth. 20,1-16, das bekannte Gleichnis von den Arbeitern im Weinberg, gehalten. Die Übersetzung des Textes ist dann auch mit geringfügigen Änderungen so in die Veröffentlichung des NT 1932/33 übernommen worden.

1927 – die beginnende Wirtschaftskrise zeichnet sich ab. So war dieser Text in seiner Auslegung ein Wagnis. Jessen geht das Wagnis ein, die Gleichnisse Jesu sind ihm Bilder die Jesus gemalt hat und „wi kunn meist denken, dat wär en Bild ut unse Tied, en Bild vun de Kieler Straaten, vun' n Marktplatz" (S.7), auf denen die Arbeitslosen auf Arbeitsangebote warten. Arbeitslosigkeit ist für Jessen kein Makel, sondern Ursache für manch tiefe Not, und mit dem Gleichnis konfrontiert bekennt er: „Ik bün bang, wi hebbt unsen Heiland veel afftoebeden, wenn wi vör düt Bild staht, un noch veel mehr to danken, wenn wi noch ümmer en faste Brodstell hebbt" (ebenda). Dies ist für Jessen aber nur die erste Auslegungsmöglichkeit des Gleichnisses, seine Transformation in die Gegenwart seiner Hörer, die Schilderung eines Stückes Gegenwart mit dem Schluss: „So is dat Lewen!"

Jessen ist hier nicht der Versuchung erlegen, den Schluss des Gleichnisses vordergründig sozial auszulegen und so zu Fragen der schon damals akuten Lohn- und Sozialpolitik Stellung zu nehmen. So wehrt er jeden Versuch ab, Jesus als sozialen Reformer weltlicher Fragen zu verstehen: „He kenn doch dat Lewen so good as keen anner een! Wull he dat Lewen anners hebbn? Wüß he beetern Rat, wodenni de Not stüert un de Arbeid un de Lohnfraag regelt warn schall? Ick segg: Nä, Unse Heiland hett nümmers mit all düt wat to dohn hebbn wullt. ... He stüer mit düsse Geschichte up ganz wat Anners los." (S.8) Tertium comparationis ist das Reich Gottes mit seinen ganz anderen Gesetzen. Jessen nennt dies die „Binnensiet" des menschlichen Lebens, das Wirken Gottes an und in uns im Gegensatz zur oben beschriebenen „Butensiet". So sehr beide auch miteinander im Menschen verknüpft sind, gilt für Jessen doch „dat Wichtigste is de Binnensiet. Ja, de Butensiet kannst du öwerhaupt erst verstahn, wenn du di gans klor büst öwer de

Binnensiet vun't Lewen." Die „Binnensiet" erfährt der Mensch dort, wo ihm der Wille und Anspruch Gottes begegnen. In dem gepredigten Gleichnis ist es dort, wo Jessen erzählt: „As dat nu Fierabend wörr..." Hier beginnt der besondere Anspruch Gottes, reicht etwas von seinem Reich in das Leben der Arbeiter in diesem Gleichnis hinein. Jessen überträgt nun Feierabend auf den Tageslauf und die Ruhe des Abends nach einem arbeitsreichen Tag. Auch die Suche nach Arbeit ist für Jessen Arbeit. Wer zur Ruhe von den äußeren Dingen kommt, kann nach innen und auf Gott hören. Jessen weiß auch: so' n Fierabendstünn kann een dat Hart swar maken un den Lewensmoot lütt. Dat is de Tied to' n Grillen fangen. Denn fleegt ock de Nachtvagels uns öwern Kopp un wüllt bi uns Nester buen."(S.9) In den dunklen Feierabend der Nöte und Sorgen hinein fällt die Verheißung des Wortes: „Nun laat mal de Arbeiders rankamen un betal de Lohn ut!" Es ist die Zeit unserer Abrechnung und der „Abrechnung Gottes" mit uns. Diese ist freilich paradox: „An'n Fierabend kreeg de Welt un dat Lewen för alle en ganz anner Gesicht." Der Feierabend, auch im übertragenen Sinne der letzte Feierabend des Todes, hilft den Tag und das Leben unter einem anderen Blickwinkel zu sehen. Und in der letzten Feierabendabrechnung kommt, um im Duktus der Sprache Jessens zu bleiben, de „Binnensiet an't Licht,... denn fallt de ganze Flitterstaat, in den wi rümlopen sünd, aff, un nakelt un blot staht wi vör Godd sien Thron." (S.11)

Hier bricht Jessen seinen Gedankengang zunächst ab. Er war vom Hauptvergleichspunkt des Gleichnisses zur Besinnung am Feierabend eines Tages, der Hörer auf Gott schenken kann, auf den letzten Feierabend des Lebens gekommen, Er lässt, nachdem er die Unmöglichkeit menschlicher Verdienste vor Gott angedeutet hat – „de Binnensiet kümmt an' t Licht", nur der Mensch selber zählt – diesen ganzen Komplex zunächst als Aussage stehen. Im zweiten

Teil der Predigt führt er den Satz: „Un för de Arbeid ward betalt" (S.12) unter Beschränkung auf das Wort „Arbeid" aus. Jessen spricht über das Verhältnis von Werk und Glaube in seiner begrifflichen Umschreibung „Butensiet" und „Binnensiet": „De Glow is de Binnensiet, de Arbeid de Butensiet." (S.12) Bezogen auf die These, dass die „Binnensiet" über die „Butensiet" entscheidet, kann Jessen hier behaupten: „Is de Glow ni echt un gesund, denn döcht ock dat Lewen nix", wobei das Verhältnis von Glauben und Leben mit dem Bild eines Baumes verglichen wird: „De Glow is de Wuttel – de Arbeid is de Frucht vun'n Boom." (ebenda) Dieser Satz ist in zweifacher Hinsicht bedenkenswert. Zum einen warnt Jessen im folgenden Beispiel vor einem Glauben ohne Werke aus diesem Glauben heraus, einer Frömmigkeit, die egoistisch ihren Glauben pflegt, ohne dabei an irgendwelche Handlungen zu denken: „as ik noch bi minen ollen Paster in de Lehr stünn, do käm mol en Frau to mi mit en dicke Book un wull Utkunft hebbn öwer de Glowen. As ick den Meister dat noher vertelln däh, do sä he – un he kenn sin Lüd:' Dor fangt Se man garni erst mit an, süns ward Se ehr ni wedder los. Seggn Se ehr man, se schull man erst mol ehr oll Moder plegen un de Kinner de Strümp stoppen, denn harr de Glow schick!' He harr recht." (ebenda) Zum anderen verhindert Jessen aber mit seinem Bild vom Baum auch einen puren Aktivismus ohne fundierte Begründung und Festigung durch den Glauben.

Zwischen diesen beiden Extrempositionen sich bewegend, gewinnt die Arbeit eine neue Dimension, sie wird selbst zum Gottesdienst, Hier gilt: „Wat för'n Arbeid du deist, dorup kümmt dat ni an." (S.13) Jessen sieht die Welt als Gottes Weinberg an, in dem es neben der Kirche auch eine Küche, ein Krankenhaus und ein Armenhaus gibt, in dem jeder arbeiten kann. Wichtig ist nur, „dat du alles deist in Godd sin Deenst." (ebenda) Nun verfällt Jessen hier nicht, wie man zunächst vermuten könnte, in eine Art Werkgerechtigkeit. Er legt

Wert darauf, dass jegliches Werk als Frucht des Glaubens, somit als zwingend aus dem Glauben kommend, verstanden wird. Nicht der Ertrag der Arbeit wird am Ende nach Tarif beurteilt und bezahlt, sondern „bi unsen Herrgodd gilt keen Tarif, den Utslag gifft sin Gnad!" (S.14) Im Herrschaftsbereich Gottes gelten andere Regeln als in der Geschäfts- und Arbeitswelt des Menschen.

Die Gratia Dei zu erklären ist schwer und Jessen fügt ein biographisches Beispiel als Erzählung ein: „Gnad, dat is en häßli Word, solang wi jung sünd. As ick noch Student wär, do wull mi dütt Word ock noch nich so recht in'n Sinn. Min olle Großmoder plegg to seggen: 'Min Jung. De Biwel is unsen Herrgodd sin grote Husaphtheke. Dor is en Plaster för jede Wunn un en Maxur för jede Sük. Un baben in' t böwerste Fack liggt week un rein as Watt de Gnad. Do ehr ni rut ut'n Schapp. Wenn du erst mal Pastor büst, brukst du mehr dorvun, as wat du di nu moden büst. Un wenn du mal old warst, so as ick in'n Lehnstohl sitten mußt, wenn de Vergangenheit di anklagt un de Gegenwart di ankiekt so as en Stoppelfeld in'n Harwst, wenn de Nächten so lang warn un de Mot to'n Starwen so lütt, wenn du ümmer de Dodenklocken hörst un ni weest, wohin vör Godd sin hillige Oogen mit Sünn un Schuld – min Jung, denn helpt keen Plaster un Hartdrüppen mehr, denn bruukst du gans wat Weekes. Denn langst du mit beide Hand'n na de Gnad.'.... Ick heff bald bilewen müsst, dat mien Großmoder recht harr." (S.15) Jessen fügt hier noch ein zweites Beispiel aus seiner Gemeinde an, indem er von einem alten Tagelöhner erzählt, der sein Leben lang ein rechter Querkopf gewesen sei und sich kaum zur Kirche gehalten habe. Dieser frug ihn eines Tages, ob er einen Weg wüsste, wie er Gott nun am Ende seines Lebens unter die Augen treten könne. Der Amtsvorgänger Jessens habe immer gesagt: „Is ju Sünn ock rod as Blot, se schall so witt as Wull warn; denn dat Blot vun unsen Herrn Christus makt uns rein vun alle

Sünn." (S.16) Jessen setzt seine Erzählung mit der Frage des alten Mannes fort: „Kann ick up düssen Glowen lewen un starwen?'" und dann: „Ick bün em up düsse Frag de Antwort nich schülli blewen. Ick bruk ehr nich to seggn. Un he is selig inslapen." (S.15 f)

Obgleich Jessen in einem hier folgenden kurzen Abschnitt betont, dass die Gnade auch für das tägliche Leben des Christen wichtig sei und so etwas wie tägliches Brot bedeute, scheint es doch, dass die Gnade so etwas wie ein Deus ex machina sei, der im Augenblick des Sterbens die Sünde eben wie Watte, das Bild sagt alles, einhüllt.

Der Hörer ist aufgefordert, zu handeln, zu arbeiten, gerade weil der Gedanke an den „Fierabend", den Tod, ihn zum Nachdenken über sich, seinen Glauben, seine „Binnensiet" auffordert. Nur wer für Gott arbeitet, gleich in welcher Form, hat Anteil am Reich Gottes. Nur er hat die Zusage der Gnade am Ende des Lebens. An dieser Stelle schimmert Moral in negativer Ausprägung, verbunden mit einem die freie Zusage Gottes („Dütt is doch gans un gor min goode Will", S.6) einengenden Gesetz durch. Hier wird die freie Gnade Gottes auf diejenigen beschränkt, die für Gott arbeiten. Und diese Arbeit wird ihren Lohn, und sei es auch in Form der letztvergebenden Gnade, erhalten. Gnade ist hier bei Jessen, an dieser Predigt expliziert, der Lohn der Arbeit, für das, wenn auch unter Umständen erfolglose Streben, Werke zu erfüllen. Der Lohn für den Willen, gute Werke zu vollbringen, ist hier die Gnade, und somit wird Werkgerechtigkeit nicht auf das getane Werk beschränkt, sondern auf den guten Willen (Gesinnungsethik) ausgeweitet. Gnade bleibt Lohn für Handeln und Gesinnung und ist zumindest hier bei Jessen nicht freie Gnade Gottes. Dem stehen aber doch die beiden vorangehenden Beispielgeschichten entgegen. Bekanntlich prägen diese sich beim

Hörer mehr ein als eine dogmatische Ausdeutung und so muss wohl beides in dieser Predigt zum Begriff der Gnade stehen bleiben.

Pastor in Kiel

1930 wurde Johannes Jessen durch den Kirchenvorstand auf die Pfarrstelle St. Ansgar – West in Kiel gewählt. Er folgte diesem Ruf aus beruflichem und privatem Interesse gern, wobei die privaten Hintergründe für den Pfarrstellenwechsel wohl überwogen haben mögen. So sehnte der sich u. a. nach der Atmosphäre einer Universitätsstadt mit ihren vielfältigen geistigen und geistlichen Anregungen.

In Kiel fand Jessen günstigere Arbeitsbedingungen als in Schleswig vor. Die Belastungen seines Gemeindepfarramtes hielten sich in Grenzen, denn eine tüchtige Gemeindehelferin stand ihm zur Seite und die Verwaltungsarbeit wurde weitgehend abgenommen. Wie in Schleswig so hatte Jessen 1931 – 33 auch in Kiel einen Kollegen, mit dem er sich nicht sonderlich verstanden hat. Es war Pastor Peter Schütt, der später zu den Deutschen Christen stieß und Propst in Hamburg–Altona wurde. Schütt predigte bereits in Kiel plattdeutsch, hatte aber als völkisch gesinnter Mann einen ganz anderen Hintergrund als Jessen.[71]

Die Jahre Jessens in Kosel und in Schleswig waren im Wesentlichen die Zeit der Grundlegung, Findung und Reifung gewesen. Er trat bei der Gründungssynode der Schleswig-Holsteinischen Landessynode hervor, war also kirchenpolitisch aktiv, vergaß aber dabei nicht die Theologie. Seine Bibliothek, sofern sie noch vorhanden ist, enthält zahlreiche Neuerscheinungen jener Jahre, besonders auf exegetischem Gebiet. Jessen war damals vor allem Prediger. Die Predigt war seine Leidenschaft, durch sie wurde er bekannt. Es war aber auch die Zeit der Vorbereitung seiner Bibelübersetzung, die er in Kiel dann vollendet hat. Freunde, wie seinerzeit Peter Gottfriedsen, wussten um Jessens Bemühungen um eine plattdeutsche Übersetzung, allein öffentlich hatte er sich nicht dazu geäußert. Erste Veröffentlichungen waren zwar die Perikopenübersetzungen in den Schleswiger Nachrichten, doch insgesamt kann die Zeit in Kosel und Schleswig die Zeit des Predigers und noch nicht die des Übersetzers genannt werden. Erst in Kiel wurde Jessen auch einer breiteren Öffentlichkeit als Übersetzer bekannt, nur noch selten predigte Jessen plattdeutsch[72], seine Hauptarbeit galt nun der Übersetzung.

Fragmente und ganze Abschnitte des Alten und des Neuen Testamentes lagen bei der Übersiedlung nach Kiel bereits fertig vor. Hier reifte nun der Entschluss, das Neue Testament gedruckt in Übersetzung herauszugeben. Tatkräftigen Rat erteilten hierbei die Kieler Freunde Jensens, Pastor Georg Hansen, Propst und Konsistorialrat Niels Schmidt, Pastor Joh. Moritzen und Bischof D. Adolf Mordhorst. Auch der Kieler Ordinarius für Neues Testament, Prof. D. Hans Windisch, schätzte Jessen sehr und ermunterte ihn zu seinem Vorhaben. So begann er mit der Zusammenfassung seiner bisherigen Arbeit. Seine Methode bei der Übersetzung hat Jessen in einem Beitrag zur Festschrift für Hans Vollmer[73] in späterer Zeit eingehend erläutert.

„Öwersetten schull dat gor nich gewen."

Er geht davon aus, dass Plattdeutsch eine eigene Sprache ist. Es ist möglich, wie es Vorgänger Jessens im 16. und 17. Jahrhundert taten, lediglich das Vokabular von Hoch – und Plattdeutsch auszuwechseln: "Se hebbt bloots Luther sien Hochdüütsch in dat Plattdüütsch ümsett. Dat weer wiß een groote Saak, awer se sünd doch meern in eer Arbeit stecken bleven. Se hebbt bloots de plattdüütsche Wöör för de hochdüütschen insett, awer de Spraak un Utdruckwies is hochdüütsch bleven." (S.140) Jessen hielt sich bei seiner Sprache an das Plattdeutsch seiner Gemeinden, um so eine möglichst lebendige Ausdrucksweise zu erzielen. Wie das Plattdeutsche allgemein eine sehr bildreiche Sprache ist, so gilt auch für ihn: "Kunnen ji nu in mienen Kopp rinkiken, denn wörrn ji seen, dat ik allens dat, wat ik denk un schriven do, to allereerst seen do. De plattdüütsche Spraak is en Billerspraak." (S.140) Es gilt, Abstrakta zu vermeiden, jene Worte, "de du bloots denken, aver nich malen kannst!" (ebenda) Primär geht es Jessen aber nicht um die plattdeutsche Sprache, sondern um die Menschen, die sie sprechen, die mit ihr leben; denn „Gotts Woort vertellt wull vun enkelte Minschen, aver jedereen findt dor sien egen Spiegelbild in wedder. De Heiland wörr, wenn he hüttodags baren weer in Düütschland, ok düütsch, un, wenn dat wesen müßt, ok plattdüütsch spreken." (ebenda) "Un dat is mien ganze Afseen bi mien Arbeit: Gotts Woort in mien plattdüütsche Moderspraak umtosetten. Gotts Woort för plattdüütsche Lüüd." (S. 140) "Umsetten" ist in diesem Zusammenhang ein wichtiges Wort.[74] Jessen wollte nicht übersetzen, sondern in eine andere Sprache umsetzen, um so ihr und dem Text gerecht zu werden.

Die eigentliche Übersetzung nahm er in mehreren Schritten vor, die zwar nicht bei jedem Wort oder Satz in verschiedenen Stufen schriftlich festgehalten, aber doch zur eigenen Kontrolle vollzogen wurden. Ausgangspunkt jeder Übersetzung ist für Jessen der Urtext, wobei er merkwürdigerweise an einer Stelle das Hebräische als "Gotts Woort in de eegentliche Modderspraak" (S. 138) bezeichnet. "Eegentlich" wird hier aber wohl im Sinne von 'eigen' gebraucht, denn zwei Sätze weiter schreibt er: "Du kannst nu, wenn di dat eernst is, Gotts Woort ok in dien eegen Modderspraak hebben, up plattdüütsch." (ebenda) Es ist somit die Aufgabe des Übersetzers, dem Bibelleser die Mühe des Erlernens der alten Sprachen abzunehmen und ihm das Wort Gottes in seiner Muttersprache, mit allen Implikationen, zu bieten. Der Urtext wird zunächst unter der Fragestellung: "Wat steht dor Woort för Woort?" wörtlich übersetzt und mit Hilfe der Kommentarliteratur in seiner Bedeutung zugänglich gemacht: "Dor mutt denn al en anner Book, ja, mennich anner Book to Hülp namen warrn. Goot, dat wi hüüt veel Böker hebbt, wo kloke un frame Lüüd Gotts Woort al in utleggt hebbt. Un de Lüüd stell ik nu an, dat se mi goot un gau toplegen doot." (S. 138 f.) Die so gewonnene Übersetzung des Urtextes wird mit Luther verglichen, Korrekturen werden vorgenommen und dann ins Plattdeutsche "umgegossen".

Hierbei hat Jessen kaum ältere Übersetzungen zu Rate gezogen. Sie erscheinen ihm alle nicht geeignet. "Dorum heff ik toletzt bloots düsse plattdüütsche Översetten as en Kuntrull bruukt, sünst mi aver an dat Plattdüütsch holen, wat ik leert heff, ja, an dat Plattdüütsch in mien Koseler Kaspill, dat Swanser un dat Hüttener Platt. Dat denn ok wat Angeliter un ok Itzehoer Platt un en lütt beten Dithmarscher Platt dar Vader bi stahn hett, dat mutt sik helpen." (S. 140) Auch G. Schröder urteilt: "Jessen hat dabei dem Volke im wahrsten Sinne des Wortes 'aufs Maul geschaut'. Oft rang er tagelang um einen

Ausdruck. Und ich weiß mich zu erinnern, dass er, wenn er nicht weiterwusste, seine Familie zusammenrief und fragte: wie würde Detlef Bock in Kosel das gesagt haben?"[75] Der Ansatz und die Methode Jessens erinnern an Luther und in der Tat fühlt er sich diesem eng verwandt.

Jessen und Luther

Im 1530 verfassten "Sendbrief vom Dolmetschen"[76] führt Luther Grundsätzliches zu seiner Art der Übersetzung aus. Anlass der Schrift sind Anfragen der Freunde über die Übersetzung von Römer 3,Vers 28. Als Gegner steht ihm der bereits 1527 verstorbene Hieronymus Emser (1487–1527) vor Augen, der auf Geheiß Herzog Georgs von Sachsen der Lutherischen Übersetzung eine eigene, altgläubige entgegenstellte, aber lediglich den Luthertext anhand der Vulgata und der mittelalterlichen Textausgaben korrigiert hatte.[77] Die Gegner Luthers mokierten sich darüber, dass im griechischen Urtext das Wort 'solus' nicht stünde, er also eigenmächtig etwas Wesentliches hinzugefügt habe. Luther gibt dies zu, vertritt aber die Meinung, um der Eigenart der deutschen Sprache willen habe er nicht auf diese Einfügung verzichten können, " da (es) gleichwohl die Meinung des Textes in sich hat, und wo man will klar und gewaltiglich verdeutschen, so gehört es hinein. Denn ich habe deutsch, nicht lateinisch noch griechisch reden wollen, da ich deutsch zu reden im Dolmetschen vorgenommen hatte."[78] Luther lehnt hier eine buchstäbliche, sklavisch am Urtext oder gar der lateinischen Vulgata klebende Übersetzung ab, "denn die lateinischen Buchstaben hindern aus der Maßen sehr, gut Deutsch zu reden." (S. 14)

Es war ein theologischer Streit um das Recht der Bibelübersetzung der Reformatoren, den seine Gegner entfachten und dieser Streit kann mit Recht auf jene berühmte Stelle in Römer 1, 17 zurückgeführt werden, wo Luther "Gerechtigkeit Gottes" mit "die Gerechtigkeit, die vor Gott gilt welche kompt aus Glauben in Glauben,"[79] übersetzt. Es ging Luther darum, diese Fundamentalwahrheit der Schrift nicht verklausuliert und unverständlich zu bezeugen, sondern so, dass sie jeder verstehen kann. Und da galt: "Denn man muss nicht die Buchstaben in der lateinischen Sprache fragen, wie man soll deutsch reden, wie diese Esel tun; ..." (S.14) Eine "Eselskunst" war ihm die buchstabengetreue Übersetzung. Als weiteres Beispiel führt Luther die Stelle Mt. 12, 34 an, deren lateinischer Text "ex abundantia cordis os loquitur" lautet. Das wäre wörtlich übersetzt: "Aus dem Überfluß des Herzens redet der Mund." Und mit Recht fragt er: "Sage mir, ist das deutsch geredet? Welcher Deutsche versteht solches? Was ist Überfluss des Herzens für ein Ding? ...sondern also redet die Mutter im Haus und der gemeine Mann: Wes das Herz voll ist, des geht der Mund über. Das heißt gut deutsch geredet." (S.14) Eine gute Übersetzung muss nach Luther also immer Sinn, Meinung und innere Struktur des Textes und der neuen Sprache wiedergeben. Unabdingbar ist hierzu die genaue Exegese des Textes. Bei der Übersetzung will er auf den täglichen Gebrauch der Sprache achten, denn "man muss die Mutter im Hause, die Kinder auf den Gassen, den gemeinen Mann auf dem Markt darum fragen und demselbigen auf das Maul sehen, wie sie reden, und danach dolmetschen, so verstehen sie es denn und merken, dass man deutsch mit ihnen redet." (S.14) Allerdings macht Luther hier wieder Einschränkungen und übersetzt nicht bedingungslos in die gesprochene Umgangssprache. Ein Beispiel ist hierzu Lukas 1,28. Der Gruß des Engels an Maria müsste eigentlich, nachdem die wörtliche Übersetzung wegen ihrer Unverständlichkeit nicht geeignet ist, mit: „Gegrüßet seist du, liebe Maria", übersetzt werden. Luther wählt aber hier, er gibt selber zu, dass dies schlechtes Deutsch sei, die Worte:" Gegrüßet seist du, holdselige Maria, " um seine Wertschätzung Mariens zu bezeugen. (S.15) Doch die übertragende Übersetzung gilt nicht nur um der Tradition willen nicht absolut, sondern auch da, wo es den Geist des Geschriebenen, den Inhalt des zu übersetzenden betrifft, da gilt für Luther:" Aber ich hab eher wollen der deutschen Sprache abbrechen, denn von dem Wort weichen." (S. 17)

Zusammenfassend kann hier gesagt werden:" Es ist Dolmetschen ja nicht eines jeglichen Kunst, wie die tollen Heiligen meinen ; es gehöret dazu ein recht, fromm, treu, fleißig, furchtsam, gelehret, erfahren, geübet Herz. (S. 17) und "Wer dolmetschen will, muss großen Vorrat von Worten haben, dass er die Wahl könne haben, wo uns an allen Orten nicht lauten will." (S.16)

Jessen knüpft hier an und nimmt Lukas 1, 28 unter Hinweis auf Luther auf. Eigentlich müsse die Übersetzung ja, zumal "holdselige Maria" im Plattdeutschen per se unmöglich sei, "mien leve Maria" (Festschrift S.150) lauten, damit der Anredecharakter erhalten bleibt. "Aver he (scil.: Luther) hett dat damaals wull noch nich so waagt, wiel dat Maria ok för em noch so en beten de Hillige weer. De dat aver hüüttodaags wagt, geiht doch wiß in sien Footsporen." (S.150) Jessen übersetzt aber dann doch: "Freu di, denn du hest grote Gnad funn'n bi unsen Herrgott."

Die Übersetzung zeigt also bei aller Nähe im Ansatz zu Luther dennoch die Freiheit von ihm. Jessen fühlte sich nicht an den Luthertext gebunden, wollte seine Übersetzung auch nicht damit harmonisieren, sondern bewusst den Ansatz Luthers aufnehmen. Seine Grundlage war allein der Urtext und dessen Exegese. Das wird auch am Beispiel der Übersetzung von Markus 1,1 deutlich, wo Jessen die ursprüngliche Situation, in die hinein das Evangelium ging, berücksichtigte: "All dat Woort: 'Evangelium' mutt ümsett warrn. De Lüüd weet wull so üm un bi, wat dat bedüden schall. Aver se smiet doch gliex dat Book un de Saak dörchenanner. Markus harr bi de Dithmarschers nich seggt: 'Ik bring ju nu dat Evangelium.' De harrn em utlacht! Un wenn ik nu dat Woort Christus en beten bloots uteneen pulen will, denn mutt ik doch ok seggen, wat dat bedüüt: Heiland – al frö in dat Ole Testament vun Gott toseggt un vun de Minschen vull Lengen aftöövt. De Dithmarscher harren sik doch bi Christus nix denken un vörstellen kunnt! Un Markus hett för de Heiden schreven. Up Griechisch weer dat wull sodennig mööglich, wieldat he dat upschreven dee, wat Petrus in dörtig Jaren up all sien Reisen eer al vertellt harr. Wenn ik dat richtig up Plattdüütsch ümgeten schall, denn mööt an so'n Stellen de Wöör fallen." (S.151) Und so übersetzt Jessen den ersten Vers: "Vun Jesus Christus will ik vertellen. He is ja Godd sien Söhn. Un wat ik nu vertell, dat nömt wi Evangelium." [80]

Bemühungen um die Drucklegung

Im Juni 1932 nahm Jessen mit dem Göttinger Verlag Vandenhoeck & Ruprecht Verbindung auf, ob dieser den Verlag des Buches übernehmen könne. Jessen schrieb: "Gestatten Sie mir freundlichst eine Vorfrage! Ich stehe vor dem Abschluss meiner Übertragung des Neuen Testamentes in die plattdeutsche Mundart. ... Nun erlaube ich mir die ergebene Vorfrage, ob der Verlag sich für die Herausgabe dieses Neuen Testamentes interessieren würde. Ich bin gern bereit, eine Auswahl des Manuskriptes zur Einsicht zu übermitteln. Das Gesamtmanuskript liegt Mitte August druckfertig vor."[81] Jessen war bei dieser ersten Kontaktaufnahme jedoch kein Erfolg beschieden, denn der angeschriebene Verlag lehnte unter Hinweis auf die Übersetzung von Ernst Voß bei der Britischen und Ausländischen Bibelgesellschaft [82] und mit der Bemerkung, eine Herausgabe käme aus Kostengründen nicht in Frage, die Verlagsübernahme ab.[83]

Ob Jessen noch weitere Verlage angeschrieben hat, lässt sich aus dem vorhandenen Briefmaterial nicht ersehen. Im November 1932 übernahm der Verlag Wollermann (W. Maus) in Braunschweig die Herausgabe der ersten Auflage der NT-Übersetzung. Über die Schwierigkeiten bei der Preiskalkulation berichtet Jessen im Februar 1937 in einem Brief an den Verlag Vandenhoek & Ruprecht, der in jenem Jahr die zweite Auflage der Übersetzung besorgte: „Der Verlag Wollermann schrieb mir bezüglich der Herstellungskosten für das N.T. am 30.11.32 wie folgt: 'Bei ganz knapper Berechnung kommen wir an reinen Herstellungskosten nach Abzug der M 1500,-- Zuschuss auf etwa M 1,66 pro Exemplar. 10% Spielraum nach oben muss ich haben, das gäbe etwa M 1,80. Wenn das Buch M 3,-- kosten muss, und ich rechne nur 33 1/3 % Rabatt an den Wiederverkäufer, so bekäme ich etwa M 2,--. Rechnen Sie sich auch nur 25 % Geschäftsunkosten hieraus auf den Umsatz, so hätte ich unbedingt M 2,20 – 2,30 nötig. ... Ich sehe auch nicht ein, dass wir nicht M 3,60, 3,75 oder 3,80 nehmen sollen, wenn es unbedingt nötig ist.' Um nun trotzdem das N.T. zu dem ursprünglichen veranschlagten Verkaufspreis von 2,85 M für das gebundene Exemplar herausbringen zu können, wurde uns eine weitere Beihülfe von 1500,-- M von anderer Seite bewilligt, so dass die Herstellungskosten um weitere 50 Pf pro Exemplar gedrückt werden können. Soviel über die Preiskalkulation des Herrn Maus, soweit ich in sie Einblick gewonnen habe."[84]

Insgesamt 3000,-- RM Zuschüsse waren also für die Drucklegung notwendig. Die ersten 1.500,-- RM wurden von der Schleswig-Holsteinischen Landeskirche zur Verfügung gestellt, wobei Jessen sicherlich die Fürsprache der Bischöfe A. Mordhorst und Eduard Völkel, beide waren mit ihm befreundet, zugute kam. „Die von Pastor Jessen – Kiel vorgelegte Übersetzung des neuen Testamentes ins Plattdeutsche hat so ausgezeichnete Beurteilungen sowohl von fachwissenschaftlicher Seite durch Herrn Prof. D. Windisch wie von sprachkundiger Stelle durch Herrn Pastor Paulsen u.a. erfahren, dass die Kirchenregierung in ihrer letzten Sitzung sich bereit gefunden hat, dieser wertvollen Arbeit den Weg in unsere Gemeinden und Häuser dadurch zu bahnen, dass sie 1500,-- RM für die Herausgabe zur Verfügung gestellt hat," berichtet Bischof Völkel.[85] Die restlichen 1500,-- RM wurden durch die Bibelgesellschaft für die Herzogtümer Schleswig und Holstein zur Verfügung gestellt.

Mit Schreiben vom 6. Dezember 1932 stellten auch hierfür die Bischöfe Völkel und Mordhorst die Anträge. Völkel führte in seinem schon zitierten Brief aus: "... so liegt m. E. eine überaus bedeutsame und dem landeskirchlichen Interesse im Sinne der Förderung geistlichen Lebens hervorragend dienende Aufgabe unserer Bibelgesellschaft darin vor, ihrerseits durch Gewährung einer Beihilfe dem plattdeutschen Neuen Testament von Pastor Jessen zu einem baldigen Erscheinen zu verhelfen. Unsere Bibelgesellschaft wird davon für ihre eigene Propagandaarbeit den besten Gewinn haben, und es wird in der kirchlichen Öffentlichkeit nur dankbar begrüßt werden, dass sie durch diese Initiative ihre Aufgeschlossenheit für neuzeitliche Aufgaben der Bibelverbreitung erweist."[86] Und Bischof Mordhorst begründet seinen Antrag:" ... Da ich die Arbeit von Pastor Jessen für sehr wertvoll halte, weil sie in vorzüglichem Plattdeutsch wirklich dem gerecht wird, was das

Bibelwort sagen will und da gründliche exegetische Studien der Arbeit vorausgegangen sind, so könnte ich mir wohl denken, dass plattdeutsch redende und empfindende Schleswig-Holsteiner inneren Gewinn von dem Gebrauch dieser Übersetzung haben werden..."[87] In einer Sitzung am 4. Januar 1933 bewilligte die Schleswig-Holsteinische Bibelgesellschaft in einem einstimmigen Beschluss den beantragten Zuschuss von 1500,-- RM.[88]

Für beide Beihilfen waren neben der Fürsprache der Bischöfe die Gutachten von Prof. D. Windisch und Pastor Adalbert Paulsen entscheidend. Diese beiden wichtigen Gutachten sollen im folgenden im vollen Wortlaut wiedergegeben werden, zum einen, weil es wohl erstmalig in der Geschichte der plattdeutschen Bibelübersetzung geschah, dass ein Ordinarius für Neues Testament ein Gutachten hierzu erstellt, und zum anderen, weil Adalbert Paulsen genau die sprachliche Intention der Jessenschen Übersetzungen getroffen hat.

Zunächst das Gutachten von Windisch:

„Diese Übersetzung hat, wie ich mich durch zahlreiche Stichproben und fortlaufende Lektüre überzeugt habe, einen wissenschaftlichen Wert. Sie beruht sichtlich auf ernstem Studium des griechischen Textes und seiner exegetischen Probleme, auch erkennt man, dass der Herr Verfasser wissenschaftliche Kommentare für N.T. herangezogen hat.

Es ist freilich nicht durchgehend eine Übersetzung, sondern anders als die modernen Übersetzungen ins Hochdeutsche, oftmals Umschreibung und umschreibende Erläuterung. Solche Erläuterung war aber offenbar notwendig, wenn wörtliche Übersetzung ins Plattdeutsche entweder unmöglich oder unverständlich geblieben wäre. Im Prinzip ist die Methode zu billigen, es fragt sich nur, ob hie und da der Übersetzer nicht zu weit geht, zu wortreich wird in seiner Paraphrase, so z.B. in 1.Cor.13, Jak.1,3 u 4f.

Das Ganze ist ein großer Wurf und eine bedeutende Leistung. Der Verfasser hat ein besonderes Charisma für seine Aufgabe.

Dass die Sprache öfters derb volkstümlich klingt, widerspricht an und für sich nicht dem Charakter des N.T., denn dies ist, wie vor allem Deissmann erwiesen hat, weithin in einer volkstümlichen, plastischen, nicht „geweihten" erbaulichen Sprache geschrieben. (Vor allem in den Evangelien).

In einigen Einzelheiten ist die Übersetzung vielleicht verbesserungsbedürftig. Im Ganzen ist die Arbeit ein Werk aus einem Guss, ist das originelle Werk eines Übersetzers. So möchte es angesehen werden, und so möchte es bleiben.

Kiel 7. Nov. 32   D.H. Windisch" [89]

Dazu nun das Gutachten von A. Paulsen: „... 1. Die Behandlung der plattdeutschen Sprache zeigt ein sehr ausgeprägtes Gefühl für das Echte und eine absolute Sicherheit im Sprachschatz. Gegenüber allen bisherigen Versuchen steht diese Arbeit sprachlich unerreicht da.
2. Weit bedeutsamer ist ja die Übertragung im echten niederdeutschen Geist. Hier handelt es sich darum, nicht nur fehlende Worte, sondern erst recht im Niederdeutschen unmögliche Gedankenreihen und Vorstellungen durch Umschreibungen und Erweiterungen in das niederdeutsche Wesen zu übertragen. Bei allen bisherigen Bibel – Übersetzungen war hier der größte Mangel,

denn hier kommt es auf eine künstlerische Gestaltungskraft an. Ich bin erstaunt gewesen über die Leistungen Pastor Jessens in diesem so sehr wichtigen Punkt und glaube, dass die Arbeit durch diese Einformung ins Niederdeutsche einen ganz besonderen Wert bekommt.

3. Durch die Behandlung der Sprache, der Gedanken sowie durch die Klarheit über den Sinn des Urtextes, fällt tatsächlich in reichem Masse ein ganz neues Licht auf die alte biblische Urkunde. Es liegt eine ganz unaufdringliche aber ungemein praktische Anwendung des biblischen Inhaltes vor, sodass die Übertragung nicht nur von Freunden des Niederdeutschen und der Literatur überhaupt Beachtung finden wird, sondern ebenso sehr vom Gesichtspunkt echter Erbauung. .....

Kiel, den 30. Juli 1932   gez. Adalbert Paulsen Pastor" [90]

Johannes Jessen fand Gutachter aus dem Bereich der Wissenschaft und er hatte Fürsprecher an höchster kirchlicher Stelle, die durch Zuschüsse die Drucklegung seines Werkes ermöglichen konnten. Derart günstige Voraussetzungen hatte Ernst Voß mit seiner schon erwähnten Übersetzung im Jahre 1929 nicht. Es ist geradezu bedrückend zu sehen, gegen welche Widrigkeiten Voß sich durchzusetzen hatte.

Ernst Voß

Ernst Voß wurde am 23.2.1886 in Doberan/ Mecklenburg geboren. Dem Abitur im Jahre 1904 folgte das Theologiestudium in Erlangen und Rostock, dem sich Wehrdienst und Predigerseminar anschlossen. 1910–1912 war er Rektor in Rehna und wurde dann

1912 Pastor in Groß Varchow. Von 1914-1915 nahm er als Feldprediger am 1. Weltkrieg teil. 1918 übernahm Voß die Pfarrstelle in Basedow.

1922 hielt Voß seinen ersten plattdeutschen Gottesdienst. Er schreibt hierzu: „Ich kam immer mehr zu der Überzeugung, dass wir einer plattdeutschen Bibel bedürfen, dass vor allem unser Volk Gottes Wort auf plattdeutsch hören müsse, da es des Hochdeutschen doch nicht in dem Masse mächtig sei, dass es die Predigt und die Bibel verstehen könne."[91] Voß bot sich an, im Mecklenburger Sonntagsblatt monatlich plattdeutsch gedruckte Perikopen zu veröffentlichen. Sein Angebot wurde abgelehnt. Erst 1924, als er die Herausgabe des Mecklenburgischen Christlichen Heimatkalenders übernommen hatte, konnte er Lukas 15,1 –10 übersetzt dort veröffentlichen. Es waren seine ersten Übersetzungen ins Plattdeutsche. „In mir gärte der Gedanke, es müsse die ganze Bibel übersetzt werden, und zwar nicht aus dem Luthertext, sondern aus dem Urtext." (S.14) Über seine Motivation schreibt er weiter: „...war ich in Friedrichsruh und mir stieg am Grabe Bismarcks der ganze Jammer unseres Volkes so gewaltig auf, dass ich nun draußen gleich mit der Übersetzung begann. In Basedow angekommen, habe ich dann vom 26. September bis 6. Oktober (1925) das Evangelium Lukas übersetzt. Nach kurzer Pause machte ich mich an Galater, den ich am 25. November vollendete. Am 3. und 4. Novemberübersetzte ich noch Kolosser. Inzwischen schrieb ich auch Lukas ins Reine." (ebenda) Voß war ein fleißiger Arbeiter und er wollte das Lukasevangelium so bald als möglich herausgeben. Er gewann den Pfarrer für Volksmission in Mecklenburg, Pastor Theodor Rohrdantz aus Grabow, für sein Vorhaben, der ihn, wenn auch nicht finanziell so doch ideell, unterstützen wollte. Folglich nahm Voß das Geld, der Druck sollte 1100,-- RM kosten, auf eigene Rechnung auf, die dann durch den

Erlös des Heftes und durch eine Kollekte der Volksmission wieder erstattet werden sollten.

Gedruckt wurde auf billistem Papier in Abschnitten zu 12 Seiten. Entsprechend fiel dann auch, so Voß, die Korrektur aus, in deren Lesen er noch ungeübt war. „So blieben viele Druckfehler stehen, die mir dann von Wichtigtuern als Übersetzungsfehler aufgemotzt sind. In der Orthographie war ich zudem sehr nachlässig, unerfahren und ohne feste Grundsätze; so kam eine sehr ungleichmäßige und schlechte Orthographie zustande. Immerhin, das Buch wurde fertig und es erschien zu Weihnachten auf dem Markt." (ebenda) Die von Voß erwartete positive Resonanz blieb gänzlich aus. Das Heft stieß bei maßgeblichen Leuten auf Ablehnung. So waren Argumente, dass das Plattdeutsche sich nicht für hohe Gedanken eigne und „wer die Bibel lesen wolle, der griffe doch zur Lutherbibel" (S.14). Von vielen Seiten erntete Voß negative Kritik, die zum größten Teil auch noch unsachgemäß ausfiel. Es ging sogar soweit, dass ihm vom Vorstand des Landesvereins für Innere Mission verboten wurde, „wieder plattdeutsche Bibelstücke im Kalender abzudrucken." (S.14) Doch Voß übersetzte weiter, nun die kleineren Paulusbriefe.

Eine Wende trat ein, als die Britische und Ausländische Bibelgesellschaft am 12. November 1926 bei ihm anfragte, „ob außer dem Lukas noch mehr plattdeutsche Bibelteile ... erschienen seien." Daraufhin fragte Voß seinerseits, ob die Bibelgesellschaft nicht den Verlag übernehmen wolle. Sie äußerte sich zunächst zögernd und bat um Zeugnisse über die Übersetzung und ob dafür eine Notwendigkeit bestünde. Anfragen gingen an den Landesbischof und an P. Rohrdantz, die beide ablehnten. Erst Gottfried Holtz, seinerzeit Leiter der Bauernhochschule in Willigrad, ein Freund Voß', „schrieb ein Zeugnis, wie es sein musste" (S.15).

Doch noch immer zögerte die Bibelgesellschaft. Erst als Voß darauf hinwies, dass an diesen Büchern auch etwas verdient werden könne, war der Bevollmächtige der Gesellschaft für Mitteleuropa, Haig, für das Vorhaben gewonnen.

Nach einer Anfrage über die Methode seiner Übersetzung teilte Voß nach London mit: „Ich antwortete, dass ich den Nestleschen Text, erschienen bei der Württembergischen Bibelgesellschaft, zugrunde lege, aber auch sonst die mir erreichbaren wissenschaftlichen Hilfsmittel benutze, so die Übersetzungen von Weizsäcker und Wiese sowie die Kommentare von Zahn, Meyer, Strack und Zöckler." (S.15)

Endgültig war noch nicht über den Druck der gesamten Übersetzung des NT entschieden, doch sollten zunächst die 10 kleinen Paulusbriefe gedruckt werden. Das Manuskript hatte Prof. Borchling, der Hamburger Professor für Niederdeutsche Philologie, durchgesehen und ein Gutachten angefertigt. Im August 1927 war das Heft fertig und bis zum „31.Dez. 1927 wurden von den kleinen Paulusbriefen 997 Stück abgesetzt". (S.16)

Nachdem die Paulusbriefe fast als Erfolg anzusehen waren, entschloss sich die Bibelgesellschaft um Ostern 1928 zum Druck des ganzen NT. Die Kritik an plattdeutscher Predigt und Bibel ließ nicht nach, oft war sie unsachgemäß. Eine Stellungnahme ist hier besonders interessant: „Aus Schleswig–Holstein bedauerte man, dass die Paulusbriefe im Mecklenburger Platt erschienen seien. Es sollte lieber in einem dialektfreien Platt erscheinen, das von einer Kommission herzustellen sei." (S.16) Voß dazu: „Auf diesen Unsinn habe ich in 'Uns plattdütsch Heimat' erwidert. Kann man eine Sprache am Schreibtisch herstellen, und wird diese Sprache alsdann auch verstanden und gesprochen?" (ebenda)

Am 6.Januar lieferte Voß das Manuskript ab und in der Woche vor Palmsonntag erhielt er die ersten beiden Exemplare. Er schließt seinen Bericht: „Nun ist das Werk vollendet. Nicht, dass es nicht noch verbesserungsbedürftig wäre, niemand weiß das besser als ich selber. Aber keine Angriffe bringen unser mecklenburgisches plattdeutsches Neues Testament wieder aus der Welt. Das ist meine Freude, darum habe ich gerne gerungen und gekämpft. ...Hiermit schließe ich meine Aufzeichnungen. Ich habe sie gemacht, nicht damit man jetzt Gebrauch machen sollte von ihnen, oder weil ich mich rühmen wollte, sondern weil unsere Nachfahren einmal sehen sollen, wie viel Kampf dazu gehört, wenn man etwas erreichen will. Wenn unser Volk Verständnis behält für unsere Sprache und nicht gänzlich der Zivilisation zum Opfer fällt, dann mag man später einmal fragen, wie das mecklenburgische plattdeutsche Neue Testament entstanden ist, und darauf wollen diese Aufzeichnungen Antwort geben.

   Basedow b. Malchin, den 10. April 1929
     Gez. E. Voss" (S. 16)

Das Neue Testament brachte Voß zwar keine Honorare durch die Britische Bibelgesellschaft und auch der Name als Übersetzer wurde erst in der dritten Auflage 1935 genannt, doch seine Arbeit wurde nun anerkannt. 1930 wurde ihm durch die Universität Rostock der Grad eines Licentiaten der Theologie zuerkannt und 1932 erhielt er den John–Brinckman-Preis. Ein Jahr später wechselte er wegen Streitigkeiten mit seinem missgünstigen Patronatsherrn Graf von Hahn die Pfarrstelle und wurde Pastor in Kirch–Jesar. Von dort wurde er 1934 zum Landessuperintendenten nach Ludwigslust berufen. Bereits am 19.3.1936 starb Ernst Voß in Rostock im Alter von 50 Jahren.

Oldig Boekhoff

Ernst Voß war nicht der erste, der im 20.Jahrhundert das NT ins Plattdeutsche übersetzt hat. Bereits im Jahre 1915 erschien in Aurich eine Übersetzung „in dat ostfräske Plattdüts" von P. Oldig Boekhoff.[92]

Oldig Boekhoff wurde am 7.2.1861 in Bakemoor geboren. Sein Vater war dort Landwirt. Nach Beendigung seines Studiums in Greifswald und Göttingen war er als Lieblingsschüler von Prof. Hermann Cremer eine Zeitlang dessen Hilfsprediger in Greifswald. „Sein erstes Pfarramt bekleidete er von 1889-91 zu Logabirum, worauf dann fast volle drei Jahrzehnte seine Lebensarbeit der Gemeinde Loga gewidmet war."[93] Diese Gemeinde war erst 1890 auf Betreiben des Grafen Carl Georg von Wedel und Gödens, Herr über einen umfangreichen Grundbesitz, als Patronatsgemeinde gegründet worden. Der Graf hatte die Kirche mit allem dazu Gehörigen ausgestaltet, lediglich ein Pfarrhaus wurde erst 1895 auf Betreiben Boekhoffs gebaut, das zunächst gräfliches Eigentum blieb und später der Gemeinde geschenkt wurde.

Das Verhältnis der lutherischen Gemeinde im reformierten Loga zur reformierten Gemeinde war zunächst gespannt. Es gelang Boekhoff jedoch durch ein bewusstes, wenn auch abgemildertes Luthertum, diese Spannungen zu harmonisieren. "Nur an einzelnen Punkten hat, soweit ich absehen kann, bei Boekhoff die Tradition des Wand an Wand mit dem Calvinismus wohnenden Overledingerlandes die Position des bewusst lutherischen Theologen durchbrochen. So hat er es abgelehnt, über dem Täufling das Kreuzzeichen zu machen und so es vermieden, sich während des Gebetes dem Altar zuzuwenden und darauf verzichtet, etwas zur Belebung der Patenschaft zu unternehmen." (S.12)

Der Chronist urteilt weiter über Boekhoff: "Für die Begründung und Ausgestaltung der Gemeinde ist seine Wirksamkeit von großer Bedeutung gewesen. Eine starke charaktervolle Persönlichkeit von Eigenwüchsigkeit und Eigenwilligkeit hat er bei dem großen Ernst und der hingebenden Liebe für die Sache des Herrn, ...einen tiefen Eindruck zu machen gewusst." (S.11) "...Dazu ermöglichte es ihm seine Bodenständigkeit und im besten Sinne volkstümliche Art, den Herzen und Häusern der Gemeindeglieder in aller wünschenswerten Weise nahe zu kommen." Ob Boekhoff in seiner Gemeinde auch plattdeutsch gepredigt hat, ist nicht zu ermitteln. Reimers betont nur, dass er durch seine plattdeutsche Übersetzung des NT "für die breitere Öffentlichkeit ... auf lange hinaus Bedeutung gewonnen ..." hat. Auch sonst bescheinigt er ihm: "Er war ein Mann von tiefgründigem theologischen Wissen, dessen Urteil z.B. auf der Generalkonferenz der lutherischen Pastoren Ostfrieslands in den theologischen Debatten stets mit gespanntester Aufmerksamkeit entgegengenommen und oftmals jenen Debatten die endgültige Richtung gab. Dass es mit eigenen theologischen Arbeiten nicht hervorgetreten ist, wurde von manchen, die den Wert und die Eindringlichkeit seiner Studien kannten, bedauert." (S.11)

Die letzten Lebensjahre Boekhoffs waren durch schwere Krankheit überschattet. Auch unter dem Verlust zweier Söhne im Weltkrieg litt er schwer. "Man hatte in der Gemeinde den Eindruck, dass von da an die Kraft des körperlichen nicht eben starken Mannes gebrochen war."(S.14) Mit äußerster Anstrengung hat er dann sein Amt noch bis 1920 auszuüben versucht, und am 22. Oktober 1920 verstarb Oldig Boekhoff. Sein NT erschien in zwei weiteren Auflagen, war dann aber lange Zeit außerhalb Ostfrieslands vergessen. Es war, allein schon wegen der Sprache, zu sehr Produkt dieser Landschaft.

Der Vergleich der drei innerhalb von 20 Jahren erschienenen Übersetzungen lässt deutlich ihre Eigenarten hervortreten. Zunächst sollen hier die Anfänge der Weihnachtsgeschichte Lukas 2,1–7 vorgestellt werden:

Boekhoff:

"Nu gebärde daut in diese Tid, daß dor'n Befehl utgink van dä Kaiser Augustus, in dä ganze Welt sull'n Inschätzen ofhollen warden. Disse Inschätzen was dä erste un was do, as Kyrenius Stattholler öfer Syrien was. Un elk un äne makde sück up dä Fahrt, sück inschätzen toe laten, elk na sien Heimatstee hen. Do makde sück ok up Joseph van Galiläa, van dä Stadt Nazareth, na Judäa hen, na David Stadt, dä hät Bethlehem, weil hä van David sien Herkommen un Familie weer; üm sick inschätzen toe laten mit Maria, sien angetraute Frau, dä weer swanger. Un nu as sä dor ween, kwam hör un Stünne, dat sä gebären sull, un sä gebar hör erste Söhn un wickelde hum in Doeken un leeg hum in 'n Krübbe, denn in dä Harbarge was gien Stee för hör open."

Voß:

"Un tau dei Tid let Kaiser Augustus den Befehl utgewen, all Lüd süllen ni för dei Stüer veranlagt warden. Un des Stüerveranlagung wir dei irst weil dei Tid, dat Kyrenius Landeshauptmann in Syrienland wie. Dor reist' denn nu jederein in sien Heimat, dormit dat hei sick dor veranlagen let. Un ok Joseph reist' ut dat Land Galiläa, ut dei Stadt Nazareth, nah dat Land Judäa nah David sien Stadt, die Bethlehem heiten ded, dorüm, dat hei ut David sien Hus un Geslecht afstammen ded. Hei müßt sick ok ni inschätzen laten, un sien Frau Maria nehm he mit. Die drög 'n Kind unner'n Harten. As sei nu dor wiren, denn wiren ok ehr Dag' dor un ehr irst lütt Jung würd buren. Un sei wickelt' em in Däuk in un led em in ne Krüw, denn sei würst süs nich, wohen mit em."

Jessen:

"In düsse Tied käm vun den Kaiser Augustus en Order rut, dat jedereen sick in de Stüerlisten inschriewen schull. Düt war gans wat Nies – dat wörr to'n ersten Mal dörchföhrt – un domols wär Kyrenius Stattholer öwer Syrien. Na, jedereen mak sick denn ock up de Reis' na sien Heimatstadt un leet sick inschriewen. So güng ock Joseph vun Galiläa ut de Stadt Nazareth na Judäa, na David sien Heimatstadt – de heet Bethlehem – denn he hör to David sien Sipp un Familie un wull sick inschriewen laten mit Maria, de em antruut wär. Un de schull Moder warn. As se nu dor wärn, käm de Tied, dat se to liggen kamen schull. Un se bröch ehrn ersten Söhn to Welt un wickel em in Windeln un lä em in en Krüff; denn se harrn sünst keen Platz in de Harbarg."

Ein weiteres Beispiel mag der Anfang der Rede des Apostels Paulus in Antiochien nach Apostelgeschichte 12,16+17 sein:

Boekhoff:

" Do stunn Paulus up, winkde mit dä Hand un see: 'Jie Israeliters un jie, däjie Gott fürchten, hört toe. Dä Gott van dit Volk Israel hett unse Vöröllern utwählt un het dat Volk in dä Frömde in dat Land Egypten emporbrogt un het hör mit hochutstreckte Arm van dor wegfoeert. ...' "

Voß:

" Dunn stünn Paulus up un winkt' mit sin Hand un säd: 'Ji Manns ut't Volk Israel un ji Annern, dei ji Gott fürchten daun, hürt mal tau: Dit

Volk Israel sin Gott hett uns Vadders utsöcht un hett dat Volk in dei Frömd in Ägyptenland tau Ihren kamen laten, un hett ehr mit sinen starken Arm rutholpen. ...' "

Jessen:

" Do stunn Paulus up, wink mit de Hand un sä: 'Min lewe Landslüd un all' de, de sünst noch goddesfürchdi sund! Hört mal to! Düt Volk Israel sin Gott hett unse Vöröllers utwählt un, as se in Ägypten to Hüer wahnen dän, grotmakt un mit utreckten Arm ehr dor rutbröcht.' "

Doch nicht nur längere Textpassagen auch kurze, geprägte Worte werden von Voß, Boekhoff und Jessen eigenständig übersetzt. Als Beispiel mag hier das Jesuswort aus dem Beginn der Bergpredigt in Matthäus 5 dienen:

Boekhoff:

"Selig sünd dä, dä arm in dä Gäst sünd, denn för hör is dat Himmelriek."

Voß:

"Selig sünd, die sick geistlich arm fäuhlen, denn ehr hürt dat Himmelriek."

Jessen:

"Selig sünd de Minschen, de as beddelarme Lüd vör Gott sien Dör kamt un weet, dat se vör em niks uptowiesen hebbt – ehr hört dat Himmelriek to!"

Und endlich soll auch noch das Thema des Römerbriefes, eine Kernstelle lutherischer Theologie, genannt werden, Römer 1,17:

Boekhoff

"Denn darin openbart sück Gotts Gerechtigkeit ut Glauben in Glauben, as beschrefen steit: Dä Gerechte sall lefen dör dä Glaube."

Voß:

"Dat Evangelium nämlich wist uns, wo Gott uns gerecht maken deit dörch den Glowen un wo die Glow dorbi ümmer mehr taunümmt. Denn't steiht jo doch schrewen: 'Wecker vör Gott gerecht sin will, die kann dat ewig Lewen man blot dörch Glowen kriegen:' "

Jessen:

"Denn de Gerechdikeit, de Gott verlangt un de alleen in sien Ogen gelt'n deit, de ward hier künni makt un anbaden. Un bi düsse Gerechdikeit geit dat toirst un toletz üm den Glowen. Mit Glowen fangt dat an, un mit Glowen hört dat up. So steiht dat ock doch in de Biwel: 'De Gerechde kriggt ut Glowen dat Lewen.' "

Der zeitlichen Abfolge nach müsste Jessen die beiden Übersetzungen von Ernst Voß und Oldig Boekhoff in Händen gehabt haben können. Aus den von Jessen erhalten gebliebenen Unterlagen geht allerdings nicht klar hervor, ob er sie auch zu Rate gezogen hat. Soweit ersichtlich, erwähnt er vorhergehende Übersetzungen nur in der Festschrift für Hans Vollmer: "Ik heff mi dat nich to truut, dat ik dat alleen richtig maken kann. Ik freu mik, dat al vör mi vele Lüüd sick hensett hebbt un dat versöken deen. Bi de bün ik in de School gaan."[94] Insbesondere verweist Jessen auf eine um 1600 erschienene Übersetzung, bemängelt allerdings deren Nähe zu Luther.[95] Über die Verwendung neuerer Übersetzungen lässt sich aber leider nichts erheben. Dass Jessen sich zumindest Voß verbunden weiß und dessen Übersetzung kannte, zeigt sich darin, dass er ihm die Übersetzung des Lukasevangeliums zugesandt hat.

Dat Nie Testament in unse plattdütsche Moderspraak

Anfang März 1933 erschien nach kurzer Drucklegungezeit "Dat Nie Testament in unse plattdütsche Moderspraak, vun Johannes Jessen, Pastor in Kiel", bei "Helmut Wollermann, Verlagsbuchhandlung (W. Maus), Braunschweig." Es löste ein lebhaftes Echo bei den Rezensenten aus. Zunächst gingen persönliche Briefe ein.

Als einer der ersten schrieb Prof. D. Weinreich aus Schleswig am 1.4.1933: "Nachdem ich angefangen habe, die beiden Übersetzungen zu vergleichen, muss ich sagen, dass Ihre Übersetzung sich nicht nur sehen lassen kann neben der anderen, sondern sie weit übertrifft." Und bereits wieder am 15.4.1933: "Es ist mir eine herzliche Freude, 'Dat Nie Testament' in Ihrer Übertragung in Händen zu haben. Ich danke Ihnen auch für die freundliche Widmung, auch in dem Sonderdruck des Lukasev. Ich sitze heute Morgen an meinem Schreibtisch und bereite einen Ostergottesdienst in Hannover vor. Da schlug ich 1. Kor. 15 auf und finde Vers 55:

> De Dood is gans un gaar toschann.
> Dat Leven hett de Böverhand.

> Wo bleev nu Dood dien Böverhand?
> Wo bleev dien Stachel Dood, segg an?

Das ist Ihnen herrlich gelungen! Auch Tonfall und Reim! – Ich werde wohl noch öfters solche Funde in Ihrer Übertragung machen."[96]

Auch Ernst Voß schreibt am 20. April 1933: "Haben Sie besten Dank für die Übersendung des plattdeutschen Lukas. Ich freue mich, das Büchlein zu besitzen, denn ich muss für die Revision meiner Übersetzung noch manches zulernen. Zwar ist Lukas grade schon so halb nun halb abgeschlossen, aber er verdient noch manche Verbesserung. --- Man wird Ihre Übersetzung lesen, und damit wird manchem das Gotteswort wieder neu werden, und er kann es dann auch wieder lieb gewinnen. ---Ich habe das Buch noch nicht ganz genau durchgelesen und vergleichen können, da andere Arbeit auf mir lag, ich habe es nur oberflächlich durchgesehen, habe aber den Eindruck, als wenn das Werk gelungen ist. ---"[97]

Die eingehenden Briefe waren zum Teil gerade überschwängliche Glück- und Segenswünsche. So unter anderem von Konsistorialrat Nikolaus Christiansen aus Kiel und von Pastor Reinhard Wester aus Westerland/Sylt. Beide weisen auf die gelungene Übertragung und die lebendige Sprache des "Nie Testament" hin. Auch Propst J. Sommer, der sich als Mitglied der Bibelgesellschaft für den Druckkostenzuschuss verwandt hatte, schrieb am 19. April 1933 : "Herr Maus – Braunschweig hat mir das wirklich hübsch und gefällig ausgestattete N.T. in plattdeutscher Sprache übersandt, und ich sehe erst jetzt, wo man das Ganze vor sich hat, was für ein wertvolles Buch damit unserem Volk dargeboten wird, aber auch, was für eine Summe von Arbeit und Fleiß dahinter steckt. Ich freue mich auch, das Buch hier und da zu gebrauchen und selber dadurch plattdeutsche Mundart und Denken besser studieren zu können.

Ihnen gratuliere ich zu dem schönen Erfolg und freue mich umso mehr, etwas zum äußeren Gelingen haben helfen zu können."[98]

Eine der ersten Rezensionen erschien in der "Niederdeutschen Kirchenzeitung": "Dies Buch anzuzeigen ist eine ganz große Freude. Jessen hat seiner Heimatkirche und darüber hinaus allen, die das Plattdeutsche lieb haben, ein ganz großes Geschenk gemacht. Er verfügt nicht nur über die volle Beherrschung des Dialektes, sondern ist ein Übersetzungs- oder, besser noch, ein Umsetzungskünstler des Luther- oder des Urtextes, sondern eine die Botschaft original fassende und ins Plattdeutsche umsetzende Neuschöpfung. Jeder Vers lässt die Mühe und den Erfolg erkennen, das geschriebene Wort lebendig werden zu lassen. Ausstattung, Papier und Druck sind sehr schön, der Preis ist verhältnismäßig niedrig."[99]

Am 23. April las Jessen aus seinem N.T. im Rundfunk der Norddeutschen Sendergruppe. Hierüber erschien im "Rundfunkhörer" eine ebenfalls positive Kritik von Dr. Wilhelm Hahn, dem Pressereferenten des Evangelischen Presseverbandes für Schleswig–Holstein: " Am Sonntagnachmittag erlebten die Rundfunkhörer eine Feierstunde ganz eigener Art. Der Kieler Pastor Jessen hat in langer, sorgfältiger Arbeit das Neue Testament in die plattdeutsche Muttersprache übersetzt und las nun einige Abschnitte aus dieser plattdeutschen Bibel. Man darf sagen, dass es sich bei dem Jessenschen Werk nicht nur um eine Übersetzung schlechthin handelt. Der Bearbeiter des Neuen Testamentes hat vielmehr bei seiner Arbeit ein hohes Maß von Einfühlungsvermögen bewiesen. Das ist aber das Entscheidende: der Mensch, der plattdeutsch spricht, denkt auch plattdeutsch. Aus dieser Erkenntnis heraus stellte Jessen die Begebenheiten der Heiligen Schrift gleichsam plastisch vor den Hörer hin. Schon die Überschriften: 'De Heiland un sin Lüd', 'In de Heiland sin Sprekstünn', 'De Heiland un sin

Sorgenkinner' wirken wie anschauliche Bilder. Von den gebotenen Proben waren die eindrucksvollsten wohl die Geschichte vom verlorenen Sohn und die Abschnitte der Bergpredigt. Hoffentlich bekommen wir noch mehrere dieser Bibellesungen. --"[100]

Mehrere Rezensenten heben die Eignung der Übersetzung als kleinen Kommentar hervor: "Man kann Jessens Buch geradezu so benutzen, dass man es bei schwer verständlichen Sätzen der Lutherbibel zu Rate zieht. Wir wissen, dass schon eine Zahl junger Studenten sich in dieser Weise bei Jessen Hilfe holt."[101]

Die plattdeutsche Zeitschrift "Eekboom" rezensiert Jessen vor dem Hintergrund der Übersetzung von Ernst Voß. "För Meckelborg hewwt wi al siet'n poor Johrs Tied dat 'Nie Testament' von Lic. Voß. Nu hett Pastor Jessen ut Kiel een för de holsteensche Mundoort schrewen un – dat mutt ik seggen – dat Platt is öwer de Maten good, is klor, un ok de lüttst Mann kann allns verstahn. Männigmal will mi't bedünken, dat Jessen noch wiedergahn is as Voß in de Klorheit un Düdlikeit. ..."[102] Diese Meinung wird durch Textvergleiche belegt, einem Verfahren, dass beiden Übersetzern gerecht wurde.

Auch Kritik wurde laut, besonders in Hinsicht auf Schreibweise und Ausdrucksform Jessens: "...Pastor Jessen schreibt zwar ein recht ausgeglichenes Platt ohne besondere landschaftliche Färbung, aber doch wird der Leser hier und da auf Redewendungen und Ausdrucksweisen stoßen, die ihm unbekannt sind oder als falsch gebraucht erscheinen. ... Die Kritik wird allerdings auch sonst noch allerhand zu bemerken haben: z.B. ob die kurzen einleitenden oder eingestreuten Zusätze des Übersetzers berechtigt sind u.a.m. Auch Druckfehler wird man entdecken können. ..."[103]

Neben der hier erwähnten Kritik ist dieser Artikel, die Rezension ist Anlass eines kleinen Aufsatzes über die niederdeutsche Kirchensprache, noch in zweiter Hinsicht interessant. Er spiegelt ein Stück deutscher Zeitgeschichte wider, in die hinein die Übersetzung erschien. Nach dem für Deutschland so verhängnisvollen Datum der Machtergreifung Adolf Hitlers hatte sich auch das deutsche Geistesleben merklich verändert. So werden auch in einem Teil der Rezensionen die neuen Töne hörbar: "Wir leben in einer Zeit, in der unser deutsches Volk sich in besonderer Weise auf die Werte seines eigenen Volkstums besinnt. Zu niederdeutschem Volkstum aber gehört die plattdeutsche Sprache; wenn sie verkümmert, geht ein wesentliches Stück unserer Eigenart verloren. Darum sollten alle Beteiligten sie pflegen, und auch dabei kann das plattdeutsche N.T. wertvolle Hilfe bieten."[104]

So auch Carl Westphal in der Zeitschrift "Niederdeutsche Welt": "Uns will scheinen, dass diese plattdeutsche Verarbeitung des neuen Testamentes gerade jetzt zur rechten Zeit herauskommt. ..."[105] und der Rechnungsprüfer der Schleswig – Holsteiner Bibelgesellschaft J. Erichsen in den Schleswiger Nachrichten: "Als nach der Revolution das Deutsche Reich in Gefahr war, zu zerfallen, da besann man sich fast überall, namentlich an den Grenzen, wo man fremden Volkstum gegenüberstand, auf den Wert der Stammesart und Stammesmundart..." Dies ist für Erichsen der Ausgangspunkt der Übersetzung Jessens. Sie "ist Fleisch von unserem Fleisch und redet zu uns so schlicht, einfach und allgemeinverständlich, wie unsere Mutter zu uns redete, als wir Jungen waren."[106]

In extenso finden wir jenen Zeitgeist in einem Brief einer ungenannten Lehrerin an Frau Jessen vom 28.5.1933: "...Vor allem auch – Jesus in seiner Sendung, so hocherhaben über alle

Menschen und so unendlich nah dem Sünder – wie wird er dem Deutschen, dem Niederdeutschen nahegebracht. Das Buch ist so volksnah. Es gehört ins 'Dritte Reich'. Da lacht ihr natürlich, aber ich meine es so, wie es dasteht. Kommt doch auch das in der Übersetzung so fein heraus, dass Christsein ein hohes Heldentum von oben, verpflichtet der Erde. --..."[107]

Nicht zu Unrecht vermutete die Schreiberin, ihr Brief und ihre Interpretation der Übersetzung werde im Hause Jessen nur Heiterkeit erregen. In den Rahmen der "völkischen Bewegung" wollte Jessen seine Arbeit nicht gestellt haben. Doch er stand in seiner Zeit und konnte sich ihr nicht entziehen, so wie er es im und am Ende des Ersten Weltkrieges nicht vermochte und auch nicht wollte.

Johannes Jessen während des Kirchenkampfes

"Die neuen Herren der Kirche versuchten zunächst, Jessen auf ihre Seite zu ziehen; sie bemühten sich, ihm klar zu machen, dass das, was sie wollten: die neuen Gedanken von Volkstum, Blut und Boden in ihren Beziehungen zum Evangelium im Grunde der Kernpunkt auch seiner Arbeiten sei. Aber Jessen wollte nicht. Er hatte erkannt, dass das Evangelium hier verraten werden sollte. So schlug er sich auf die andere Seite, zur Bekennenden Kirche."[108] Ungeachtet dieses Urteils von Gerh. Schröder fühlte sich Jessen, nach Aussagen seines Freundes Moritzen, immer als Pastor in der Volkskirche mit all ihren unterschiedlichen theologischen Strömungen und Richtungen. So ist auch Jessens Handeln in der Zeit des Kirchenkampfes in der Volkskirche in ihrer Zerrissenheit zwischen den Deutschen Christen (DC) einer- und der

Bekennenden Kirche (BK) andererseits.[109] Der nach dem 30. Januar 1933 einsetzende Anspruch des Staates, auch die Kirche letztlich gleichzuschalten, traf diese in ihren Leitungen und in ihrer Pastorenschaft ziemlich unvermittelt. Während der Zeit der Weimarer Republik versuchte, wie viele andere Kirchenleitungen, auch die Schleswig- Holsteinische Kirchenregierung, die Pastorenschaft aus dem poltischen Kampf herauszuhalten. Am 2. November 1931 erließ die Kirchenleitung "Richtlinien für die politische Bestätigung der Pastoren. Der einleitende Satz heißt: 'Bei der heute herrschenden Zersplitterung des deutschen Volkes in eine fast unübersehbare Reihe von Parteien, die einander auf das schärfste bekämpfen und z.T. mit geradezu tödlichem Hass verfolgen, muss der Pastor bei all seinem Handeln stets dessen eingedenk sein, dass er nicht nur als Diener der Kirche, die sich als solche äußerster Unparteilichkeit zu befleißigen hat, sondern auch als Seelsorger seiner Gemeindeglieder.... alles zu vermeiden verpflichtet ist, wo durch das Vertrauen des Volkes zur Kirche und das Vertrauen der Gemeindeglieder zu seiner Person gefährdet wird' ".[110]

Gleichwohl war es dann das Landeskirchenamt, das sich nicht an diese Verordnung gebunden fühlte; denn als die Deutschen Christen in Schleswig-Holstein warben, ging bereits am 30. April 1933 eine Unterschriftensammlung durch die Amtsstuben. Auch der Präsident des Landeskirchenamtes, Freiherr TH. von Heintze, wurde so Mitglied der NSDAP. "Nur die beiden Bischöfe und der Vizepräsident Simonis traten nicht ein." Weiter urteilt Bielfeldt: "Man darf also sagen, dass die DC-Bewegung in unserer Landeskirche vom Landeskirchenamt wenn nicht getragen, so doch wesentlich gefördert worden ist."[111]

Im Juni kam es wegen eines Verfassungskonfliktes[112] zwischen der Kirche der Altpreußischen Union und dem preußischen Staat zur Einsetzung eines Staatskommissars, der die Führung der Geschäfte der sämtlichen Landeskirchen in Preußen übernahm. Sein Bevollmächtigter in Schleswig – Holstein wurde am 27.Juni der juristische Konsistorialrat Dr. Christian Kinder. Am 23.Juli sollten, nachdem die bisherigen kirchlichen Körperschaften aufgelöst worden waren, Neuwahlen stattfinden, mit denen der Auftrag des Staatskommissars und seiner Bevollmächtigten beendet werden sollte. Die Fronten in diesem Wahlkampf waren ungleich. Die Deutschen Christen verfügten über den Propagandaapparat der NSDAP und ihrer Organisationen, selbst Hitler griff in einer Rundfunkrede am Abend vor der Wahl in den Wahlkampf ein, während die Bekennende Kirche sich noch nicht formiert hatte und zudem auf alle erdenkliche Weise behindert wurde. Am 12.September tagte die so gewählte Synode das erste Mal. "Sie bestand aus 99 Abgeordneten. Von den 79 gewählten Mitgliedern gehörten also..., 75 der Glaubensbewegung DC an. Zu den Gewählten kamen 12 von der Kirchenregierung berufene, die wohl zur guten Hälfte nicht zu den DC gerechnet werden konnten, ferner 5 von besonderen Personenkreisen gewählte Synodale (3 Vertreter der Lehrerschaft, ein Kirchenmusiker, ein Kirchenbeamter), darunter 4 DC. Schließlich noch Professor K.D. Schmidt als Vertreter der Theologischen Fakultät."[113]

Diese Synode hob die bisherige Kirchenleitung auf und setzte einen Kirchenausschuss ein, der gleichzeitig die Befugnisse der Synode und der Kirchenregierung ausübte. Das Amt der Bischöfe für Schleswig und Holstein wurde aufgehoben und Pastor Adalbert Paulsen mit der Führung der Geschäfte beauftragt. "Kein Theologe und kein Jurist erhob Widerspruch. Die beiden Bischöfe schwiegen!"[114] stellt Bielfeldt fest. Ad. Paulsen wurde kurz darauf zum Landesbischof für Schleswig-Holstein ernannt, ein Amt, das es bisher gar nicht gab. Bischof Mordhorst erhielt die Versetzung in den Ruhestand, und Bischof Völkel übernahm später, er hatte noch nicht das Ruhestandsalter erreicht, ein Pfarramt in Bordesholm. Mordhorst wurde, dies sei hier eingefügt, Jessens Nachbar in Kiel, und beide verband eine engere Freundschaft.

"Die braune Synode und ihre Folgen weckten auch in unserem Land den Widerstand und führten die zunächst sehr vereinsamten Männer, die die Dinge mit wachsender Sorge ansahen, zusammen. In Flensburg sammelte sich ein Kreis um den Rektor des Diakonissenhauses D. Matthießen, zu dem die Pastoren Halfmann, Mohr, Stöcker u.a. sich hielten. In Kiel wurde Ende September eine Gruppe des Pfarrernotbundes im Hause von Pastor Karl Schröder gegründet, der sich Pastor Herntrich und Jugendpastor Prehn, sowie Prof. K.D. Schmidt u.a. anschlossen."[115] Ob Jessen bereits zu dieser Gruppe gehörte, kann nicht sicher belegt werden. Andererseits ist es wahrscheinlich, denn die Hauptbeteiligten gehörten schon damals zu seinem engeren Bekanntenkreis. Sicherlich hingegen wirkte Jessen bei der Gründung einer "Not- und Arbeitsgemeinschaft schleswig-holsteinischer Pastoren" am 19/20. Oktober in Rendsburg mit. Zu dieser Gemeinschaft schlossen sich zunächst 70 Pastoren und einige Dozenten der Theologischen Fakultät zusammen. Jessen gehörte dem 20-köpfigen Vertrauensmännergremium an. Die Ziele und Aufgaben dieser Gemeinschaft wurden in folgenden Sätzen zusammengefasst:

" ' 1. Die Not- und Arbeitsgemeinschaft... will in Gehorsam gegen den Willen Gottes, im Vertrauen auf Jesus Christus, den gekreuzigten und auferstandenen Heiland, den Herrn der Kirche, und in lebendiger Fühlung mit seiner Gemeinde arbeiten, damit die schleswig- holsteinische Landeskirche wachse an dem, der ihr Haupt ist, Christus.

2. Insbesondere erstrebt sie die gemeinsame Besinnung auf die lautere und reine Verkündigung des Evangeliums gegenüber den Fragen und Nöten unserer Zeit, brüderliche Hilfe in allen inneren und äußeren Nöten des Amtes, die Erfassung der ganzen anvertrauten Gemeinde durch die Wortverkündigung.

3. Mitglied kann jeder Pastor, Dozent und Student der Theologie werden, der obrige Grundsätze bejaht und nicht Mitglied der Glaubenbewegung DC ist.' "[116]

Die Not- und Arbeitsgemeinschaft forderte vom Landesbischof die Aufhebung der de facto ungleichen Behandlung von Mitgliedern der DC und der anderen Pastoren. Als mit Paulsen keine Einigung erzielt werden konnte, verfassten die Vertrauensmänner der Not- und Arbeitsgemeinschaft eine Erklärung, die dem Landesbischof am 6. Dezember überreicht wurde. Sie soll hier im vollen Wortlaut zitiert werden, weil sie, soweit ersichtlich, das einzige Dokument des Kirchenkampfes in Schleswig – Holstein ist, an dem Jessen ohne Zweifel mitgearbeitet hat und das seine Unterschrift trägt.

"Erklärung
Im Namen von 140 Pastoren unserer Landeskirche erklären wir auf Grund eines Beschlusses, den die aus ganz Schleswig–Holstein besuchte Vertrauensmännerversammlung der Pastoren Not- und Arbeitsgemeinschaft einstimmig gefasst hat:
Wir haben zu Ihnen, Herr Landesbischof, nicht das Vertrauen, das wir um unserer Kirche willen zu Ihnen haben müßten, insbesondere können wir in Ihnen nicht mehr den pastor pastorum sehen. Sie sind mitverantwortlich für Form und Geist der letzten Landessynode, auf der christliche Liebe und die Gemeinschaft des heiligen Geistes aufs gröblichste verletzt worden ist. Sie sind mitverantwortlich für die

Gesetze und Verordnungen des Landeskirchenausschusses, die zum Teil dem Evangelium widersprechen und nicht in Einklang zu bringen sind mit dem Bekenntnis unserer Kirche. Sie haben trotz der umfassenden Ihnen übertragenen Vollmachten Gewalttaten in der Kirche geduldet. Sie haben in Ihren Kundgebungen und Reden Gedanken geäußert, die der Heiligen Schrift und dem Bekenntnis unserer Kirche zuwiderlaufen, und so die Gewissen der Ihnen anvertrauten Pastoren und Gemeindeglieder verwirrt. Wir werden solche Kundgebungen, die mit der reinen Lehre des Wortes Gottes nicht übereinstimmen, um unseres Ordinationsgelübdes willen nicht mehr verlesen. Unter Ihrer Verantwortung sind die Pastoren, die aus Glaubensgründen der Bewegung 'Deutsche Christen' widerstanden, politisch und kirchlich vor ihren Gemeinden diffamiert und dadurch in ihrer Wirksamkeit aufs schwerste geschädigt.

Solches erklären wir um der Wahrheit und unseres Gewissens willen.

Kiel am 6. Dez. 1933 ...."[117]

Es folgen die Unterschriften, unter ihnen auch die von „Jessen – Kiel".

Weitere Erwähnung findet sich nicht in den Arbeiten über den Kirchenkampf. Jessen gehört nicht zum engeren Führungskreis der Bruderräte und trat auch nicht durch öffentliche Erklärungen hervor. Sein Ort der Wirksamkeit war und blieb die Kanzel.

Er gehörte aber zu der sich bildenden Bekennenden Kirche und stand den Bruderräten sehr nahe. Im Gemeindesaal seiner Gemeinde fanden jeden Sonnabend die Andachten derjenigen Studenten statt, die sich zur BK hielten. Der von der BK eingesetzte Jugendpastor Schmidt hielt oft die Andachten und auch Jessen übernahm mehrmals diesen Dienst.[118] Pastor Schmidt stand mit Jessen in dieser Zeit in enger Verbindung. Er war bei ihm Vikar gewesen und gehörte zu dem Kreis, der sich des Öfteren im Hause Jessen versammelte. Zu ihm gehörten auch Bischof Mordhorst, Pastor Georg Hansen, Konsistorialrat Propst Schmidt, Pastor Moritzen und gelegentlich Dozenten der Universität.[119] Hier besprach man im Kreise der Freunde die stürmischen Ereignisse jener Zeit. Doch wurde auch manch humorvolles Wort gewechselt, denn Jessen war ein hervorragender Erzähler, der die Runde mit Geschichten, Erzählungen und plattdeutschen Döntjes zu unterhalten wusste. In seiner ruhigen, humorvollen Art war er es auch, der manch Verzagtem Mut zusprach.

An den Pastorenversammlungen der Bekennenden Kirche nahm er oft gemeinsam mit seiner Frau teil, glaubte auch selber hier in Kiel und Umgebung in gewisser Weise führend zu sein. Allerdings kann dies nur sein persönlicher, subjektiver Eindruck gewesen sein. Mag er auch durch seine plattdeutschen Predigten und seine Übersetzung weithin bekannt gewesen sein, mag er auch gute persönliche Beziehungen zu vielen führenden Köpfen der BK unterhalten haben, so ist er dennoch niemals im eigentlichen Sinne führend im Kirchenkampf gewesen.

Sein Standpunkt war klar auf seiten der BK. Doch Jessen war ein kirchenpolitisch vorsichtiger Mann. Er ging auch hier seinen eigenen Weg. Immer verstand er sich als Diener der Landeskirche;[120] ihr gegenüber versuchte er loyal zu sein. So kam es auch, ungeachtet der oben zitierten Misstrauenderklärung der Notgemeinschaft, zu einer Verständigung mit Landesbischof Paulsen, der sich inzwischen von der DC gelöst hatte und die Eingliederung der schleswig-holsteinischen Kirche in die Reichskirche 1934 rückgängig gemacht hatte. 1935 schrieb Paulsen sogar ein kurzes plattdeutsches Vorwort zu Jessens Heft "Ehr dat düster ward..."[121] Dessen Meinung über Paulsen wird aus einem Brief an Moritzen ersichtlich. Im Mai 1940 hielt Jessen einen Gottesdienst mit anschließender Gedenkfeier für die beiden ersten Gefallenen aus seiner Gemeinde. Einer der beiden Toten war der jüngere Sohn des Landesbischofs. Jessen schreibt: "Henning Paulsen muß trotz seiner kaum 20 Jahre ein fabelhafter Kerl mit einer seltenen Reife gewesen sein. Die Briefe, die er seit September an Dr. Strempel geschrieben, haben mich stark berührt. Wenn der Alte doch nur 50 % von der Haltung des Filius hätte!"[122] Eine Glosse des Empfängers gibt über Henning Paulsen noch folgende Auskunft: "Henning Paulsen hatte seinerzeit Ärger mit der H.J. gehabt – wurde in der Zeitung angeprangert."

Ganz anders war da der Sohn Walter Jessen, von dem der Vater im gleichen Brief berichtet: "Walter liegt mit großem Interesse seinem Medizinstudium ob und ist von seiner Studentenkameradschaft im N.S. Studentenbund recht befriedigt." Ob dieses Engagement seines Sohnes Jessen Kummer bereitet hat, darüber schweigt er sich in seinem Brief aus. Wahrscheinlich war die Liebe des Vaters zu seinem einzigen Kind größer als die politischen Meinungsverschiedenheiten.

Erhellend für seine Meinung in den Jahren 1933 ist auch ein weiterer Briefabschnitt vom 31. Dezember 1940. Er gibt Einblick in die Lage der Kieler Kirche und Jessens verschiedene Streitigkeiten: "Kretzschmer (Hauptmann a. D., der Dienst bei der Kirche suchte, Verf.) taucht jetzt in den kirchlichen Anzeigen unter 'Kretzschmer' und 'cand. Kr.' auf. Er sang mir neulich ein großes Loblied auf Nikolai I und Michaelis (Gemeinden mit neuen D.C. Pastoren, Verf.) vor. Das Konfiteor in der Liturgie müsse modern gestaltet werden. Das Wort Sünde sei nun einmal verpönt. Es komme auch nur auf die Sache an. Da habe ich ihn natürlich gründlich 'gebürstet' (die Meinung gesagt, ein beliebter Ausdruck von Jessen, Verf.). Nik.I habe eine ganz positive Osterpredigt gehalten. Ich: 'Über welchen Text?' – ‚Ich lebe und ihr sollt auch leben'. Ich: 'Darüber könnte Rosenberg auch eine ganz erquickliche Predigt halten.' Schweigen..."[123]

An Jessens Zugehörigkeit zur Bekennenden Kirche mag es gelegen haben, dass ihm Anerkennung und Ehrung von Seiten seiner Kirchenleitung versagt geblieben sind. Er erhielt weder das Amt eines Propstes, noch die Ernennung zum Konsistorialrat. Auch der Doktor honoris causa wurde ihm nicht von der Kieler Fakultät zuerkannt.[124] Doch Gerh. Schröder irrt, wenn er schreibt, dass er stattdessen von höchster kirchlicher Seite "links liegen gelassen und tot geschwiegen"[125] wurde. Immerhin schrieb der Landesbischof ein Vorwort zu einer seiner Veröffentlichungen, und er konnte auch in den Jahren des Kirchenkampfes weiter publizieren und Vorträge halten. Im Gegenteil, seine Beschränkung auf das Pfarramt in Kiel durch das Konsistorium bot ihm nolens volens die Möglichkeit einer weitgehend ungestörten Tätigkeit.

Kleinere Schriften in den Jahren 1935–1938

Trotz seiner kritischen Haltung gegenüber den neuen Machthabern war es Jessen möglich, in diesen Jahren zu veröffentlichen. Auch diese Schriften haben ein erstaunliches Echo gehabt, teils weil sie einem weitverbreiteten Bedürfnis nach derartiger Kleinliteratur entgegenkamen, teils, weil sie gute Übersetzungen bieten, die frei von zeitgenössischen Wendungen und Interpretationen sind.

Das erste Traktat aus jenen Jahren ist das Heft "Ehr dat düster ward – Sünnenstrahln ut Godds Woord."[126] Es wurde bei Otto Meißner in Hamburg verlegt und muß spätestens Anfang 1935 erschienen sein. Diese Jahreszahl kann deshalb mit relativer Sicherheit erschlossen werden, da in einem erhaltenen Exemplar ein Kirchenpaß eingeklebt ist. Dieser Kirchenpaß beurkundet die Konfirmation von Katharina Maria Moritzen in der Ansgarkirche zu Kiel am 24. März 1935 und ist von Pastor Jessen unterzeichnet. Er hat ein Exemplar des Heftes mit diesem Kirchenpaß an seine Konfirmanden verschenkt.

"Ehr dat düster ward" ist eine thematische Auswahl verschiedener Bibelsprüche zu mehreren Themenbereichen. So findet der Leser zum Thema "Unse Herr Godd un sien Minschenkinner" Sprüche und Hymnen über "Godd sien Herrlikeit", "De ewige Bumeister", "Ünner Godd sien utbrede Arm" usw. Der zweite Themenkreis "Unse Heiland un sien Lüd" mit den beiden Titeln "Unse Heiland" und "Den Heiland sien Lüd" ist mehr christologisch gefüllt, während der dritte Bereich mehr ethische Sprüche mit den Untertiteln "De Christenminsch un sien Herr Godd, - un sien Huus, - un sien Nawerslüd" enthält. Ein letzter Abschnitt ist Versen aus dem Buch Hiob, den Sprüchen Salomos und dem Prediger Salomo entnommen, also der biblischen Spruchweisheit. Jessen hat hier im Wesentlichen poetische Texte aus den beiden Testamenten übersetzt und versucht, den Rhythmus und das Versmaß des Urtextes in die Übersetzung hineinzunehmen. Der Leser sollte die Poesie dieser Verse nachempfinden können. Im Gegensatz zu manch anderem Übersetzter, der diese Poesie einfach, sei es nolens volens oder gar volens, in Prosa umänderte, ist es Jessen gelungen, fast möchte man sagen kongenial, poetisch zu bleiben. Ein Stück aus dem "Lobpreis der Liebe" im ersten Korintherbrief, Kapitel 13, mag hiervon etwas deutlich werden lassen:

"De Leew

Un wenn ik ok reden kunn so wunnerbar,
as wenn de Engels singt,
wenn ik ok reden kunn so sunnerbar,
as wenn de Geist een dwingt –
dat harr doch allns keen Weert, wenn nich de Leew dorbi den Utslag gifft.
Sünst weer mien Mund niks wieder as en Pauk,
de Larm makt un Radau.
Sünnst weer mien Seel niks wieder as en Klock,
de bloots noch beiern kann.

Un wenn ik künni maken kunn,
wat een Profet bloots kann,
un wenn ik allns wüß,
wat sünst för uns verborgen bliwt,
ja, wenn ik kloock weer as uns Herrgodd sülbn,
un wenn ik Glown harr, so stark
dat ik de Bargn versetten künn, ---
dat harr doch allns keen Weert,
wenn nich de Leew dorbi den Utslag gifft.
Ik wär doch niks.

Un wenn ik al mien Geld verschenken de an arme Lüd,
ja, wenn ik mi verbrennen leet mit Füer --
dat harr doch allns keen Weert,
wenn nich de Leew dorbi den Utslag gifft.
Dat nütz mi niks. ...[127]

Aus der Mahnung des Propheten Jeremia hat Jessen den Titel gewählt:

"Gewt Godd den Herrn de Ehr,
ehr dat düster ward!
Sünst stöt sick jü Föten an de Bargen
in de Schummerstünn.
Denn lengt ji na Licht;
He awer makt dat so düster,
dat ji keen Handbreet vör Ogen seht.
Pikenswart ward de Nacht!"
(Jer. 12, 16)

und den ganzen Vers als Vorwort des Heftes genommen. Ein bedenkenswertes Wort in jener Zeit.

Ungeachtet der hierin enthaltenen Mahnung verfasste Adalbert Paulsen als Landesbischof folgendes "Woord up den Weg: En gode Fründ is dit Book för unse nedderdütsche Landslüüd. Wi hebbt al lang na em utsehn. Ik wünsch em freien Ingang in jedes Huus un unsen Herr Godd sien Segen up sien Weg. Up unsen wieden Weg na'n Himmel hebbt wi dat all nödi, Dag för Dag, dat uns' Hart hell ward dörch den Sünnenschien ut unsen Herr Godd sien Woord."

Ebenfalls in dieser Zeit um 1935 hat Jessen Luthers kleinen Katechismus übersetzt herausgegeben. Er ist bei Otto Meißner in Hamburg erschienen.[128] Auch in diesem Buch bemüht sich Jessen um eine poetische Sprache, die Luther als Schriftsteller gerecht werden will.

Gleichwohl will er Luther nur in seiner Zeit reden lassen. Einige Auszüge aus Jessens Übersetzung:
Die Erklärung zum zweiten Gebot:
"Wi schüllt Godd sien Drauhn eernst nehmen,
em nich vertörn
un em vun Harten leew hebbn.

Denn flucht un swürt wi nich bi sien Nam,
leggt ok keen Karten un rad nich,
leegt un bedreegt ok nich
bi sien Nam.
Denn roopt wi em an in all unse Noot,
un bed' in sien Nam,
löwt em un dankt em." [129]

Interessant ist auch, berücksichtigt man die Zeitumstände, seine Übersetzung des 8. Gebotes:

"Du schallst oewer dien Nawer niks utseggen, wat nich wahr is.
    Wat will dat seggn?
Wi schüllt Godd sien Drauhn eernst nehmen,
em nich vertörn
un em vun Harten leew hebbn.
Denn snakt wi unsen Nawer niks vör,
wat loegen un Wind is.
Denn verrad wi em nich,
sludert nich achder sien Rügg
un bringt em nich mit lege Snackerie
mang de Lüd.
Denn leggt wi en good Woord för em in,
wiest hen up dat Gode, wat he an sick hett,
un bringt so allns wedder in de Reeg." [130]

Die Erklärung des 2. Artikels des Glaubensbekenntnisses weist nun eine erstaunliche Freiheit zu Luther auf. Es gilt wieder, den "Hartslag" bei Luther zu erfassen und in die Übersetzung hineinzunehmen.

Luthers lange Sentenzen hat er aufgelöst und in kurze Sätze gefasst:

"Ik glöw dat fast un bliew dorbi:
Jesus Christus is in Wahrheit Godd,

vun den Vader in Ewigkeit barn,
un ok in Wahrheit Minsch,
vun sien Moder Maria barn.
So is he mien Herr.
Ik weer en verlarne un verdammte Minsch,
awer he hett mi losköfft un frimakt

vun all mien Sünnen, vun'n Dood un ut den Düwel sien Hand.
Un dat hett he tostannbröcht nich mit Gold oder Sülwer;
sien hillig un kostbar Bloot hett he hengewen,
hett unschüllig för mi leden
un is för mi den Dood gahn.
He wull ja,
dat ik em gans tohörn schull,
in sien Riek ünner sien Ogen lewen
un em ewig deenen
in Grechdikeit, Unschuld un Seligkeit,
so as he sülbn upstahn is vun de Doden
un nu lewt un de Herr is in Ewigkeit.
Ja, dat is wiß, gans wiß.!"[131]

Geradezu modern klingt die Übersetzung der Passage von der Auferstehung des Fleisches, die Jessen im 3. Artikel mit: "..., dat de Minsch wedder upstaht vun de Doden..." übersetzt, wie er auch schon den Artikel von der Höllenfahrt Christi im 2. Artikel mit: "... dalföhrt to de Doden..." umschrieben hat. Über die dogmatische Richtigkeit dieser Stellen mag gestritten werden; sprachlich scheint dies hier die einzige Möglichkeit der Übersetzung.

Luther neu übersetzt und eine Sprache Kanaans vermieden zu haben, das zeigt auch die folgende Stelle aus dem 5. Hauptstück vom Heiligen Abendmahl. Sie handelt von der rechten Vorbereitung des Christen zum Abendmahl:

"Keen is dat nu weert, dat he düt Sakrament nehmen dörft? Wenn een fasten deit un sick na de Butensiet prat makt, denn is dat en feine Sak. He bringt na buten allns in de Reeg. Awer erst de, de den Glowen hett an düsse Woer:

'För ju hengewen un vergaten, un so ward ju de Sünnen vergewen!' Erst de is dat weert, un eerst de paßt dorhen.

De awer up düsse Woer nich vertruut oder tiweweln deit, de is dat nich weert un de paßt dor nich hen. Dat Woord 'för ju' verlangt, dat dat Hart gans vertruut un glöwen deit." [132] Jessen hat Luthers Morgen- und Abendsegen, Tischgebete und die ntl. Haustafeln, alle ebenfalls in Übersetzungen, dem Katechismus hinzugefügt.

"Ehr dat düster ward" und "D. Martin Luther sien Lütt Katekism in unse Modersprak" wurden später vom Verlag Otto Meißner in einem Bändchen unter dem Titel: "Swartbrood – Godds Woord un Luthers Lehr" herausgegeben. Auch hier ist keine Jahreszahl zu ermitteln.

Bei H.H. Nölke in Bordesholm erschien das dritte Buch Jessens in dieser Zeit.[133] Hier ist das Datum der Herausgabe ziemlich genau zu ermitteln. Nach zwei zeitgenössischen Aussagen handelt es sich um das Jahr 1937. In einem Brief an Vandenhoeck und Ruprecht vom 25. November 1937 gibt Jessen einen an ihn gerichteten Brief von Pastor Hermann Ubbelohde, Stade, wieder... "Ihr Büchlein: 'Queelt sik dien Hart mit Sorgen' hat hier schon Eingang gefunden, ist auch bereits mit Erlaubnis des Verlages von uns zitiert..."[134]

Schon am 25. März schickt Jessen es als sein "neuestes Büchlein", das in neuer Orthographie kürzlich erschienen ist, an seinen Göttinger Verleger. "Queelt sik dien Hart mit Sorgen ..." ist eine Mischung aus Andachtsbuch und Losungsheft. Im Mittelpunkt stehen die Sonn- und Feiertage des Kirchenjahres, denen jeweils ein Bibeltext zugeordnet ist. Diesem Bibelspruch folgt eine kurze Auslegung, selten von Jessen verfasst. Oftmals wählte er Auslegungen von Luther, Teile aus den Briefen Matthias Claudius' an seine Sohn Andreas oder auch Paraphrasen von Geschichten und Andachten des Pfälzer Pfarrers Emil Fromme. Auch hier erweist sich Jessen als Meister seines Faches.

Den einzelnen Tagen der Woche ordnete Jessen jeweils einen Bibelspruch oder einen Aphorismus verschiedener Theologen, wie z.B. Luther, Zwingli, Schleiermacher oder Augustinus und Schriftsteller wie Jean Paul, M. Claudius oder Johann Arndt zu. Der Titel ist dem niederdeutschen Kirchenlied:
"Queelt sik dien Hart mit Sorgen,
weest du nich Weg un Steg,
du büst doch seker borgen,
dien Herrgodd bringt't torecht!"
von Theodor Stoltenberg entnommen, einer Übersetzung von "Befiehl du deine Wege..." Es ist erstmals 1920 von Stoltenberg veröffentlicht worden.[135]

Die Auswahl aus dem Alten Testament

Im Herbst 1936 war die erste Auflage des "Nie Testament" vergriffen und eine zweite wurde nötig. Die Verbindung Jessens mit dem Verlag Wollermann in Braunschweig hatte sich nicht als günstig erwiesen, und mittlerweile existierte das ganze Verlagshaus nicht mehr. So begann Jessen sich nach einem neuen Verleger umzusehen, führte einen kurzen, nicht mehr erhaltenen Schriftwechsel mit dem Verlag Vandenhoeck und Ruprecht in

Göttingen. Doch die Geschäftsverbindung kam noch nicht zustande, denn Jessen meinte zunächst, seinen bisherigen Verleger Otto Meißner hinzuziehen zu müssen und die zweite Auflage dort verlegen zu lassen. Indessen, der Verlag Meißner zögerte, er konnte das Unternehmen nicht allein durchführen.

Am 11. Februar 1937 schreibt Jessen an Vandenhoeck und Ruprecht. Dieser Brief ist der Beginn einer längeren Geschäftsbeziehung mit einem intensiven Schriftwechsel, der in manchen Dingen weit über das Geschäftliche hinausgeht. Zunächst aus dem Brief vom 11.2.1937:
"... Die Sache liegt nach den bisherigen Vorbereitungen, wie folgt. Die Herausgabe des plattdeutschen N.T. war in Verbindung mit der Herausgabe einer Auswahl des A.T. (20 Bogen) geplant. Dafür standen folgende Beihülfen zur Verfügung:
1. für das N.T. 450 RM, wozu vielleicht nach dem 1. April d. Js. noch weitere 250 RM kommen werden;
2. für das A.T. 1800 RM unter der Bedingung, dass der Firma H. H. Nölke in Bordesholm der Druck übertragen wird. Herr Meißner hatte für den Fall der Herausgabe beider Bücher der Firma Nölke den Druck beider Werke zugesagt. ...
... Die Übertragung des Druckes des A.T. an die Firma Nölke war dadurch bedingt, dass das Landeskirchenamt und der Landesverein für Innere Mission in Kiel vereint zur Herausgabe der Beihülfe in der gesamten Höhe bereit waren, weil sie Nölke einen größeren Druckauftrag zukommen lassen wollten. ..."[136] Die Fa. Nölke hatte bereits die erste Auflage des N.T. gedruckt.

Die zweite Auflage des N.T. musste zunächst wahrscheinlich vollkommen neu gesetzt werden, da die Druckstöcke der ersten Auflage mittlerweile eingeschmolzen waren. Doch auch noch ein zweiter Grund zwang nach Jessens Meinung zu einer

Neubearbeitung der ersten Auflage, da "inzwischen durch die Reichschrifttumskammer eine neue Rechtschreibung festgelegt" worden war. Allerdings war es unsicher, ob sich diese neue Rechtschreibung durchsetzen würde. Günther Ruprecht meint hierzu: "... Bezüglich der plattdeutschen Rechtschreibung wird es Sie interessieren, zu hören, dass die von der Reichschrifttumskammer als amtliche Ordnung erklärte Rechtschreibung heute noch <u>keineswegs</u> wirkliche Geltung hat. Diese sogenannte Saßsche Rechtschreibung ist auf eine sehr merkwürdige Weise über den Kopf der Vertretung aller nicht hamburgischen niederdeutschen Sprachgruppen hinweg als amtliche Ordnung erklärt worden, ohne dass auf die Belange der anderen Sprachgruppen genügend Rücksicht genommen wurde. Ich weiß nicht, ob Sie die neue, im Verlag Th. Knaur erscheinende Reuterausgabe gesehen haben, die diese Rechtschreibung bereits angewandt hat. Es ist eine Barbarei in Reinkultur. Die Übernahme der Saßschen Rechtschreibung ist umso bedauerlicher, als die Vorschläge von Prof. Borchling für das gleiche Sprachgebiet als wesentlich besser beurteilt wurden. Auf den leidenschaftlichen Protest aller übergangenen Sprachgruppen hin, ist die Saßsche Rechtschreibung inzwischen, zwar nicht offiziell aber praktisch, außer Kraft gesetzt worden, und so wird gegenwärtig an einer neuen plattdeutschen Rechtschreibung gearbeitet, die wahrscheinlich schon im Laufe der nächsten Monate Wirklichkeit werden wird und wesentliche Änderungen bringen wird." (VdH & R, 24. Februar 1937)

Ruprecht schlägt nun vor, doch bei der Rechtschreibung der ersten Auflage zu bleiben, denn dann könne er einen photomechanischen Neudruck, mit dem er bereits gute Erfahrungen gemacht hatte, vornehmen. Jessen selber hatte sich nicht an die übergeordnete Rechtschreibung gehalten, sondern, wie zahlreiche andere niederdeutsche Schriftsteller auch, seine eigene Rechtschreibung geschrieben.

Anfang März war die Verlagsanbindung zu Otto Meißner endgültig gescheitert: "... Das s. Zt. von mir mit dem Verlag Meißner abgeschlossene Abkommen war bis zum 15.2.37 befristet. Herr Meißner hat meine Aufforderung, sich bis zum 5. d. Mts. Endgültig über den Verlag des Alten und des Neuen Testaments zu entscheiden, keine Folge geleistet. Damit ist das Abkommen hinfällig geworden, was ich ihm unter dem 6. d. Mts. noch einmal ausdrücklich erklärt habe..." (9. März 1937)

Der Verlag Meißner hatte bereits eine Subskiption laufen lassen. Das A.T. wurde hierbei für 3,--M, das N.T. für 3,90 M angeboten. Es gingen 149 Bestellungen für das Alte und 138 für das Neue Testament ein. Um die Druckkosten noch weiter zu senken, bemühte sich Jessen um eine weitere Beihilfe von 250,-- RM bei der Gesellschaft zur Förderung theol. Wissenschaften in Kiel und um eine Beihilfe von 300,-- RM bei der Bibelgesellschaft in Schleswig. "Sollte diese Bemühung, wie ich erwarte, bzw. erhoffe, Erfolg haben, so würden für das Neue Testament 1000,-- RM zur Verfügung stehen. ..." (9. März 1937)

Die erwarteten 1000,-- RM wurden dann auch für das Neue Testament bereitgestellt. 450,-- RM stellte das Landeskirchenamt zur Verfügung, 250,-- RM die Gesellschaft zur Förderung theol. Wissenschaften, 200,-- RM die Bibelgesellschaft in Schleswig (9. April 1937) und 100,-- RM überwies Landesbischof Paulsen aus seinem Verfügungsfond (Karte vom 9. April 1937). Für den Druck des Alten Testamentes bewilligte das Landeskirchenamt dann doch nur 1700,-- RM, die an die Fa. Nölke, Bordesholm zur Verrechnung mit Vandenhoeck und Ruprecht überwiesen wurden.

Auch zum Alten Testament gab die Gesellschaft zu Förderung theologischer Wissenschaften eine Beihilfe von 250,-- RM, so dass schließlich insgesamt 1950,-- RM bereitstanden.

Die Frage nach der Rechtschreibung war allerdings noch offen. Am 25. März 1937 fragte Jessen an: "Welche Orthographie soll für das A.T. gelten? Das Manuskript folgt auf Grund der von Meißner gestellten Bedingung der Saß'schen Rechtschreibung. Zu Ihrer Prüfung dieser Frage füge ich mein neuestes Büchlein bei, das in dieser Fassung kürzlich erschienen ist. (Es handelt sich um "Queelt sik dien Hart mit Sorgen", Verf.) Ihren vollen Pessimismus in der Rechtschreibung vermag ich nicht zu teilen. Jedenfalls habe ich mich an das Wortbild inzwischen völlig gewöhnt. Halten Sie diese Schreibweise dennoch für völlig unmöglich und gleichsam unstatthaft, dann müsste ich das ganze Manuskript (etwa 400 Schreibseiten) umarbeiten, könnte dabei aber die Schreibweise kaum völlig der nicht ganz angeglichenen Schreibweise des N.T. angleichen. Gewisse Differenzen würden nicht ganz zu vermeiden sein." (25. März 1937) Vandenhoeck und Ruprecht riet abzuwarten, bis die neuen, veränderten Richtlinien, die in enger Anlehnung an die Saß'schen gehalten würden, herauskämen. Viel hielt er nicht davon, wenn er schreibt: "...trotzdem sie – auch nach der bevorstehenden Änderung – nicht als ideal anzusprechen sein werden." (VdH & R, 30. März 1937)

Für das Neue Testament solle doch weiterhin die alte Orthographie gelten. Endlich, am 27. Mai 1937, waren die neuen Richtlinien in den Händen Jessens: "... Nach langem Warten gelangte gestern endlich durch Herrn Kollekers Vermittlung ((Fa. H.H. Nölke, Verf.)) das erste Stück der plattdeutschen Rechtschreibung in meine Hände. Nunmehr bin ich in der Lage, an das Alte Testament grammatisch die letzte Feile zu legen. Da ich mein Manuskript schon nach den ersten Richtlinien von Dr. Saß gründlich überarbeitet hatte, so bleibt für mich jetzt nur noch eine letzte Durchsicht übrig. Diese wird in längstens 14 Tagen beendet sein. ... Ich weiß nicht, ob Sie auf eine vorherige Durchsicht des Manuskriptes Wert legen. Ist das nicht der Fall, so würde ich mir erlauben, den Vorschlag zu machen, dass ich an Nölke sofort nach Eingang Ihres Einverständnisses von drei zu vier Tagen etwa das endgültige Manuskript (etwa 560 Schreibmaschinenseiten = etwa 400 Druckseiten meines Neuen Testamentes) mit je 150 Maschinenseiten direkt übermittle..." (28. Mai 1937)

Zwischenzeitlich hatte Jessen mit seinem Verlag einen förmlichen Vertrag abgeschlossen. Jessen erhielt 40 Pfennig pro verkauftes Exemplar für das Alte und Neue Testament, sowie je 30 Freiexemplare. Die Widmungs- und Rezensionsexemplare verschickte der Verlag auf eigene Kosten.

Ging auch der Satz des A. T. bei der Druckerei H.H. Nölke schnell voran und wurden auch die Korrekturen laufend Jessen zugestellt, so ergab sich doch neue Schwierigkeiten. Der Vierteljahresplan der Reichsregierung hatte auch die Papierfabrikation unter Zwangsbewirtschaftung gestellt. Bereits am 29. Mai 1937 teilte Vandenhoeck und Ruprecht mit: "...Eine Schwierigkeit ist nur die, dass wir das Papier für das Buch wahrscheinlich nicht vor Ende August bekommen können, trotzdem wir uns schon vor Monaten darum bemüht haben. Die Lieferungsschwierigkeiten sind heute gar zu groß..." Und am 1. Juli 1937: "...Über den flotten Satz des A.T. bei Nölke sind auch wir erfreut. Leider aber werden wir demnächst einer unvermittelten Pause ziemlich tatenlos zusehen müssen, da das Papier voraussichtlich erst gegen Ende August geliefert wird. Wir haben das Papier seinerzeit sofort nach Abschluss der zur Verlagsübernahme führenden Verhandlungen bei einer über die besten Verbindungen verfügende Großhandlung aufgegeben; aber selbst dieses außerordentlich leistungsfähige Unternehmen hat es nicht anders vermocht, als die Lieferung des Papier für Ende August (und dann noch unverbindlich!) unterzubringen. Wir stehen damit im Zeichen des Vierjahresplanes und können von uns aus gar nichts zu einer etwaigen Beschleunigung der Lieferung beitragen. Alle deutschen Papierfabriken liefern heute nur noch nach Maßgabe der ihnen vom Reich aus zugeteilten Rohstoffe. ... Hoffen wir indessen, dass wir davon verschont bleiben, etwa noch länger warten zu müssen." Ende August wurde das Papier dann auch geliefert. Es erwies sich aber als von so schlechter Qualität, dass der photomechanische Neudruck des N.T. damit kaum zu bewältigen war und der Verlag erwog, neues Papier zu bestellen, wodurch dann allerdings das Erscheinen verzögert worden wäre.

Am 21. Oktober 1937 war es soweit, die ersten Exemplare des A.T. wurden ausgeliefert. Für einen beigefügten Waschzettel hatte Lic. Volkmar Herntrich, Dozent für Altes Testament in Bethel, von Jessen des öfteren als Freund bezeichnet (vgl. Brief vom 16. August 1937 an VdH & R) eine kurze Rezension verfasst: " Johannes Jessen Übersetzung des Alten Testaments ins Plattdeutsche ist eine ganz große Gabe an unsere niederdeutsche Kirche. Fast noch stärker als in der Übersetzung des Neuen Testaments zeigt sich hier die große Sprachgewalt des Übersetzers. Immer wieder spürt man, wie die einzelnen Worte geprägt und gefunden wurden aus einem feinen, sorgsamen Hinhören auf den Urtext und auf Luthers Übersetzung. Jessen lebt ganz in unserer plattdeutschen Sprache, darum ist sein Werk nicht eine 'Übersetzung' im üblichen Sinne, sondern vollmächtige Übertragung – in neuer Sprache ein Zeugnis von großen Taten Gottes. Man ist immer erneut überrascht, wie die alten Worte und Geschichten unmittelbar lebendig werden – es ist einem oft, als läse man sie zum ersten Mal. Gerade dadurch wird dieses Werk für Pfarrer und Laien so wertvoll. Es kann dem niederdeutschen Bibelleser weithin eine Erklärung des Alten Testaments ersetzen. Dozent Lic. Volkmar Herntrich, Bethel".[137]

Für beide Testamente verfasste der Verlag einen Sonderprospekt, da Subskription und Absatz schlechter als erwartet angelaufen waren. "Wir sind im Begriff, einen schönen Sonderprospekt für Ihre beiden Testamente zu machen und möchten Sie um einen Vorschlag für den Titel des Prospektes bitten. ... Ferner bitten wir Sie um einen Rat wegen des Abdrucks von Probeseiten. ... Vielleicht wissen Sie ... ein ... Stück, insbesondere vielleicht ein poetisches Stück zu nennen, bei dem besonders deutlich wird, wie durch die Anschaulichkeit der plattdeutschen Sprache der Bibeltext plötzlich neues Leben gewinnt und viel verständlicher wird. Am stärksten ist das nach unserem Eindruck ja stets bei den Stücken, wo Rede und Gegenrede wechseln." (VdH & R 3. November 1937) Bereits am Tag darauf antwortete Jessen: "Was Propaganda ist, lerne ich erst jetzt. Und nun soll auch noch ein schöner Sonderprospekt herausgehen? Das ist mir eine große Freude. Aber ich darf mich bei dieser Tatsache nicht lange aufhalten; denn Sie hätten am liebsten schon morgen früh meine Vorschläge. Aber das kann ich leider nicht schaffen, da der Brief eben (17 ½ Uhr) bei mir eingetroffen ist. Aber ich habe alle guten Geister zusammengerufen. ... Nun zu der Probenauswahl: ... Das nach meiner Meinung Vollendetste im A.T. ist S. 32/3..." (4. November 1937)

Es handelt sich um die Geschichte von der Opferung Isaaks in 1.Mose22, 1–14,18. Jessen schreibt dazu, dass diese Geschichte damals sehr umstritten gewesen sei, nennt sie aber sein"Galapferd". Und das ist sie ohne Zweifel, schlicht und einfach hat er sie erzählt und doch alle Feinheiten des Textes herausgearbeitet. Unter den

Vorschlägen Jessens findet sich auch das an die Berufung Moses anschließende Gespräch Gottes mit Mose in 2.Mose 3,6-14;4,1-17, in dem besonders Rede und Gegenrede herausgearbeitet worden sind und beide Gesprächspartner geradezu lebendig vor Augen stehen, so gegen Ende der Rede, als Mose sich mit der Begründung, er könne nicht reden, weigert, den Auftrag Gottes anzunehmen: "Do see Mose to Gott: 'Herr, du mußt nich vertöörnt warrn! Ik bün keen Mann, de reden kann. Dat bün ik nümmer west, un dat bün ik hüüt ok noch nich! Dor magst du nu seggen, wat du wullt. Ik kaam mit mienen Mund un mit Tung nich togangen.' Do see Gott to em: 'Seg mal! Wokeen hett den Minschen den Mund maakt un wokeen maakt' stumm oder doov oder laam oder blind? Do ik dat nich, de Herr? Ga ruhig los! Ik will dinen Mund bistaan un di leren, wat du seggen schallst!' Mose see: 'Herr, nimm mi dat nich för ungoot! Schick lever en annern as mi! Schick, wen du wullt!' Do wörr Gott vertöörnt up Mose un see: 'Nu höört aver doch allens up! Du hest doch dinen Broder Aaron, den Levit! Ik weet: de kann waarrafdig fien Wöör maken. De steiht sinen Mann! Un wat ik sünst noch seggen wull: He is jüst ünnerwegens un will di bimöten, un he ward sik vun Harten frien, wenn he di wedder to seen kriggt. ...."

Als "poetisch fein" bezeichnet Jessen die Übersetzung von Psalm 126,

"De mit Tranen mööt seien. ....
As Gott uns lösen dee vun Sklaverei un Keden,
do weer dat för uns as en Droom.
Do weer dat Hart so vull vun Freud,
do hebbt wi lacht un jubelt
un en Dankleed sungen.
Do hebbt se in de wide Welt dat instaan müßt:
' De Herr hett Grotes an eer daan!'

Ja wiß: de Herr hett Grotes an uns daan!
Darum weer uns dat Hart so vull.
Ach Herr, so laat ok nu uns Gnad finnen in dien Oogen!
Bring uns ok dütmal wedder torecht,
so as du Water giffst de Beken,
de in de Süden sünd verdröögt!
De mit Tranen mööt seien,
schullt mit Freuden meien.
Se gaat wull still eren Weg,
un mennich Traan fallt up de Saat,
doch wenn de Aarn is riep,
denn kaamt se torüch mit Fraiden
un bargt eer Korn
in hoche Föder ünner Dack un Fack."

Aus dem Neuen Testament nimmt Jessen Römer 11, 33 – 36:

"Wenn ik düt nu all' bedenken do, denn kümmt mi dat so vör, as wenn ik in en deepen Affgrund kiek; de is so deep, dat keen Minsch weet, wat he all' in sick bargen deit. So geit dat mit Godd.
Wo riek is he! He makt ja allns mögli!
Deep is sien Weisheit, deeper as dat Meer!
Wat he sick vörnümmt un tostann bringen deit,
dat is un bliwt en Wunner!
Hölt he Gericht, keen Minsch kümmt hier dorachter,
worum he Straf un Hartleed schickt!
Un wenn he geit sin Weg, keen kümmt em up de Spoor.
Wat he sick vörnahm harr –
dorachter küm bitherto nüms.
Un gooden Rat – wer hett em den wull gewen?
Giff't ock man een de em to Hülp is kamen
un nu verlangen kann,

dat he bi em sick ock bedanken schall?
Ach, ut sin Hand kümmt allns,
un dörch sin Hand is allns maakt un hett Bestand,
un he is dat, up den allns tostüürn deit!
Em hört de Her in alle Ewigkeit!
Ja, dat is ganz gewiß!"

Auch dieser urchristliche Hymnus wurde wie zahlreiche andere von Jessen in poetischer Form übersetzt, damit gerade so sein hymnischer Charakter voll zur Geltung kommen kann.

Doch zurück zum Alten Testament. Jessen hatte eine Auswahl übersetzt und nicht das ganze AT in einem Stück. Er plante dies wohl noch in späteren Jahren, wie aus einer Notiz in der Festschrift hervorgeht, in der Jessen dann berichtet, dass er derzeit an der Übersetzung der Sprüche Salomos arbeite: "Dat geit bi mi de Reech lang, un in den Oogenblick bün ick jüst bi Salomon sien Spruchbook an de Arbeit."[138]

Zur Auswahl des Alten Testamentes

Eine Auswahl birgt die Gefahr der subjektiven Einseitigkeit in sich und dieser Gefahr ist auch Jessen nicht ganz entgangen. So stellt Edith Joost hierzu mit Recht fest: "Jessen hat zunächst in konsequenter Weise alle Stammbäume ausgelassen (z.B. 1.Mose 5 Adam bis Noah; 1.Mose 11,10–32 Noah bis Abraham usw.) Dieses Vorhaben ist erklärlich, da es sich hauptsächlich um eine Namensaufzählung handelt. Schwerer wiegt, dass er alle diejenigen Verse übersprungen hat, in denen von der Beschneidung und der Landverheißung gesprochen wird (1.Mose17; 21,4–7; 22,15–18 u.a.). Das ist die wesentliche von verschiedenen Änderungen der alttestamentlichen Aussage durch den Bearbeiter, ..."[139] Hier möchte Joost theologische Bedenken anmelden, die aber keinesfalls uneingeschränkt zu teilen sind. Gewiss stellen die Geschlechtsregister eine wesentliche Komponente altjüdischer Theologie dar, für den christlichen Leser das AT sind sie hingegen, dies gilt allerdings nur für eine Auswahl des AT, entbehrlich. Gleiches gilt auch für die Schilderung der Bundeszeichen, und darum handelt es sich bei der Beschneidung und der Beschreibung der ritualen Vorschriften und Gesetze im 3. und 5. Buch Mose.

Übersetzt hat Jessen hingegen den Bund Gottes mit Abraham und die Land- und Volksverheißungen in 1.Mose12 u.a. Stellen. Weite Teile des Auszuges aus Ägypten, der Wüstenwanderung, der Landnahme, der Kämpfe der Richterzeit dagegen hat er nicht in seine Auswahl genommen. Dieser sich hier abzeichnenden Linie entspricht es auch, wenn Jessen aus dem weiten Bereich der überlieferten Schriftprophetie große Teile der Prophetenworte an das Volk und seine Repräsentanten ausgelassen hat. Übersetzt hat Jessen hingegen fast den gesamten Psalter, weite Teile aus Hiob und den Sprüchen Salomons, dem Prediger Salomo, also der alttestamentlichen Weisheitsliteratur, und dem Buch Jesaja. Im ganzen kann festgehalten werden, obgleich eine genaue Analyse, auch in exegetischer Hinsicht aussteht, dass Jessen jene Berichte, Erzählungen und Dichtungen auswählte, die von einer persönlichen Beziehung und Anrede Gottes an Personen und Personengruppen wissen. Diese Perikopen standen für Jessen in direkter Affinität zum heutigen christlichen Leser. Unter diesem Gesichtspunkt hat Jessen dann auch die sogenannte "Christusprophetie" mit übersetzt.

Die Auswahl ist also keinesfalls unter dem Gesichtspunkt der Darstellung der "interessantesten und spannendsten

Geschichten"[140] getroffen. Somit entfällt auch der Verdacht der theologischen Einseitigkeit, wie ihn Edith Joost hegt. Gewiß, und da ist Joost recht zu geben, es ist nicht die alttestamentliche Glaubensaussage dargestellt, wohl aber eine der Hauptlinien alttestamentlicher Theologie und Gottesanschauung konsequent in der Auswahl durchgehalten worden. Es war Jessen um die Geschichte Gottes mit den Menschen zu tun, nicht um die, ebenfalls wichtige, Geschichte mit dem Volk und den Völkern, wie sie die Geschichtsbücher und viele Propheten zum Inhalt haben. Gerade so wollte Jessen die Relevanz alttestamentlicher Texte für die praxis pietatis hervorheben. Wie wichtig das Alte Testament als ganzes aber war, kann daraus ersehen werden, dass er immer erneut den Auswahlcharakter seiner Übersetzungen in Briefen an den Verleger betont: "... Eine große Schwierigkeit bereitet die Formulierung für das Alte Testament, weil hier der Begriff der Auswahl zu berücksichtigen ist. ..." (Sept. 1937 an den Drucker)."... Dass die Titelfassung für beide Testamente möglichst gleichmäßig wird, scheint auch mir durchaus wünschenswert. Sie ganz gleichlautend zu gestalten, wird allerdings nicht möglich sein, da bei dem Alten Testament der Charakter der Auswahl[141] irgendwie gekennzeichnet sein muß. ..." (5. Sept. 1937).

Die erwähnten Schwierigkeiten mit der Qualität des Papiers erwiesen sich als nicht so gravierend, wie der Verleger zunächst befürchtet hatte. Es konnte für den Druck benutzt werden. Einen Monat nach dem Alten wurde die 2. Auflage des Neuen Testamentes noch rechtzeitig vor Weihnachten ausgeliefert: "Vorgestern sind die restlichen Ihnen zustehenden Freistücke vom A.T. und ferner sämtliche Freistücke vom N.T. an Ihre Anschrift abgegangen. Es wird Sie mit Freude erfüllen, dass nunmehr beide Bände gemeinsam ihre Reise durch die niederdeutsche Welt angetreten haben und hoffentlich recht viel fruchtbaren Boden finden werden. ..." (VdH & R 26.11.37).

Beide Testamente fanden zahlreiche Rezensenten in der Presse. Rezensionen ähneln sich ja bekanntlich, und so sollen an dieser Stelle vor allem die wichtigsten Besprechungen des AT genannt werden, da die des NT weitgehend denen der 1. Auflage gleichen.

Eine der ersten Besprechungen erschien bereits am 28. November 1937 in der Schleswig-Holsteinischen Kirchenzeitung "Volk und Kirche". Der nicht genannte Verfasser schreibt u.a.: "... Wir dürfen auf dem Büchermarkt zum kommenden Weihnachtsfest außer der Neuauflage des 'Neuen Testamentes' das erstmalige Erscheinen von 'Dat ole Testament in unse Moderspraak' begrüßen. ... Ich glaube, dass der Bauer selber weithin nicht für die plattdeutsche Bibel zu haben ist, wie er auch eine plattdeutsche Predigt nur als Ausnahme sich gefallen lässt,..." so der Verfasser zum Leserkreis und weiterhin: "Aber da sind ja unzählige andere, denen das Plattdeutsche geläufig ist und die durch diese Bibelübersetzung wieder ein lebendiges Verhältnis zur heiligen Schrift gewinnen könnten." Zur Übersetzung selber bemerkt der Rezensent: "Ich staune über die Treue der Übersetzung. Ich glaube beim Lesen nicht, dass es so im Alten Testament stände, verglich – und war überrascht! ... Aber vor allem ist es ja die Gegenwartssprache, die alles lebendiger macht. ..."[142]

Zur Übersetzung äußert sich auch die Monatsschrift für Pastoraltheologie, indem sie besonders auf Jessens Verhältnis zu Luther hinweist:"... schlage den Anfang des Jeremia Buches auf – schon die Perikopenüberschriften sind gut, und dann ist die Sprache von einer prächtigen Natürlichkeit und Anschaulichkeit (schwierige Bilder wie das vom Mandelbaum werden in der Übersetzung ganz unmittelbar einleuchtend), ohne doch ins Profane abzugleiten. Jessen arbeitet in der Freiheit von Luthers Text und doch in einer Weise, die ständig die Schulung an Luthers Grundsätzen der Bibelübersetzung erkennen lässt. -"[143]

Das Deutsche Pfarrerblatt urteilt: "... Die plattdeutsche Sprache ist von der humanistischen, akademischen Überfremdung, von der die hochdeutsche Sprach- und Schreibweise oft genug beeinträchtigt war und ist, völlig unberührt geblieben. Jessen hat es verstanden, das kindlich urwüchsige Werkzeug der Sprache ganz den Gedanken der Bibel dienstbar zu machen. Besser gesagt: er hat sie ganz in die plattdeutsche Welt hineingedacht."[144]

Das Verhältnis von Übersetzung und Urtext beurteilt Fork im "Niederdeutschen Luthertum": "Man muß es Jessen lassen, dass er nicht nur ein Meister der plattdeutschen Sprache ist, sondern auch das Bibelwort in heiliger Ehrfurcht zu hören vermag."[145] Und die Dorfkirche betont:"... Es liegt etwas Künstlerisches in seiner Übersetzung, die man mit Recht als eine Umsetzung bezeichnet..."[146] Gottfried Holtz weist aber auf die Möglichkeit der Volksmission durch diese Übersetzung hin: "... Vergessen wir nicht über die Fernsten Nächsten, über die Mission die Volksmission! Jessens Übersetzung ist uns eine mächtige Hilfe im eigenen

Lande..."[147] Die Möglichkeiten der Volksmission, ein besonderes Anliegen der Kirchen zwischen den Weltkriegen, durch die Arbeit Jessens wurde auch von vielen anderen Rezensenten betont. Hierbei wies man besonders auf den durch gewisse deutschchristliche Kreise entfachten Streit um die Geltung des Alten Testamentes hin. So meint das Hannoversche Sonntagsblatt: "... Dies Buch müsste eigentlich alle Leute lesen, die jetzt so törichte Dinge über das Alte Testament reden und schreiben – dann würden sie einmal sehen, wie herrliche und wichtige Worte in dem verachteten Buch stehen..."[148] Ähnlich auch in der "Hamburgischen Kirchenzeitung": "... Nähme sich einer von den heutigen Gegnern des Alten Testamentes, die viel darüber schwatzen, aber kaum Wesentliches davon verstehen, nur die Mühe, unter Anleitung dieses herztiefen Führers die alten Geschichten mit neuen Augen zu lesen, ihm müsste aufgehen, dass dem neuen Testament der Untergrund und Hintergrund fehlen würde, wenn nicht durch dieses uralte Menschenbuch, das heißt das Buch von des Menschen Leben und Mühsal, Kampf und Not, Schicksal und Schuld, der Weg uns sichtbar gemacht würde, der unmittelbar Christus entgegen und zu ihm empor führt. ..."[149] Ganz im offiziellen Ton der Zeit hingegen eine Rezension im "Hessischen Kirchenblatt". Unter dem Titel "Christus auf Deutsch" vergleicht der Verfasser die Jessensche Übersetzung mit dem Heliand, ohne Zweifel eines der bedeutendsten Zeugnisse altsächsischer Dichtkunst und Frömmigkeit. Doch beide sind nicht so miteinander zu vergleichen, wie der Rezensent es tut: "... Während unfruchtbar darüber gehadert wird, ob und wie Christusoffenbarung und deutsche Art sich vertragen können, geht kostbare Zeit und Kraft verloren, sich an den Zeugnissen zu stärken, in denen beides verschmolzen ist .... Wenn die Zielsetzung, unsere Jugend zu den Quellen deutscher kraft zu führen, vorurteilsfrei und ehrlich gemeint ist, dann muß man sie zum Heliand führen. ... Noch stärker allerdings wird die Kraft in deutsches Blut und Leben verwandelten Christentums sichtbar in der plattdeutschen Bibel, die uns Johannes Jessen, Pastor in Kiel, vor einiger Zeit geschenkt hat. ..."[150]

Am tiefgründigsten ist dagegen wohl die Rezension von Ernst Strasser, Hannover, in der "Theologischen Literaturzeitung". Er geht davon aus, dass es überraschend sei, in einer Zeit des Kampfes gegen das Alte Testament und zunehmender Kritik an der Bibel insgesamt, diesen Übersetzungen zu begegnen, und bemerkt dann im folgenden zum Plattdeutschen: "... Beim Gespräch über diese schöne Gabe stellte jemand die Frage, ob man auch die Bibel ins 'Sächsische' – er meinte in den Dialekt des 'Genigs' – übersetzen könne. Das muß selbstverständlich als ganz abwegig verneint werden. Plattdeutsch ist kein Dialekt, sondern dem Hochdeutschen gegenüber eine andere Sprachstufe. Ein guter Teil der Niedersachsen und Bewohner der Nordmark (Schleswig-Holstein, Verf.) und des nördlichen Ostens steht noch auf dieser Stufe. ..."[151] Als einer lebendigen Sprache "muß daher auch die Pflege des Plattdeutschen ein Anliegen sein. Das eben wird durch die Darbietung der Jessenschen Arbeiten auch innerhalb der Kirche möglich. Denn der Tenor der Übersetzung ist so würdig und 'ungemacht', dass alle, die plattdeutsch fühlen, spüren: hier kommt einer von ihnen zu Worte." Strasser vergleicht Jessen mit Voß und kommt zu dem Schluss: "Bei näherer Betrachtung würde man merken, wie in beiden Übersetzungen jedes Mal die Seele des Übersetzers und seines Stammesart zum Ausdruck kommt. Jessen Arbeiten atmen die Luft Schleswig-Holsteins." Kritisch wird vor allem auf den Humor, besonders in den Überschriften, eingegangen: "Hier scheint mir die Grenze deutlich zu werden. Die Frage entsteht: kann Gottes Wort humorig geboten werden? Man lese der Probe halber die Simsongeschichte überschrieben 'Vun Friegen un Hochtiedmaken' Und danach Luthers Übersetzung Richter 14,1-20."

Abschließend eine Reaktion aus dem benachbarten Ausland. Prof. J. Coopens schrieb in "Wetenschap in Vlaanderen" Jg. 4, No 2, 2. Nov. 1938: "... Des uitgaven zullen wellicht door de germanisten worden op prijs gesteld. Maar ook de Nederlandsch – sprekende en schrijvende exegeten zullen met genoegen kennis nehmen van deze vertalingen, voormal om de pittige uitdrukkingen, de erin worden aangewend..."[152]

Weitere literarische Pläne

Der Erfolg seiner bisherigen Publikationen ermutigte Jessen, auch weiterhin literarisch tätig zu werden. Dies geht aus einem Brief an seinen Verleger vom 19. Jan. 1939 hervor.

Im September 1938, zur Zeit der Sudetenkrise, hatte Jessen ein Manuskript vorbereitet, das als Buch an Soldaten verteilt werden sollte, "für den Fall, dass die Kirche angesichts eines anderen Verlaufs der Krise sofort mit einem besonderen Gruß an die Wehrmacht hätte hervortreten müssen." (19.1.39) Er hat das heute verschollene Manuskript aber dann, als nach dem Münchener Abkommen die Situation sich entspannte, keinem Verleger angeboten. Als Vandenhoeck und Ruprecht dann im erwähnten Brief davon Kenntnis bekamen, meinte der Verlag dazu: "Das im September geplante Heft für Soldaten wäre übrigens eine feine und brauchbare Sache geworden, die wir gerne verlegt hätten, aber Gott sei Dank, dass es nicht nötig geworden ist!" (VdH & R, 1. Februar 1939)

Im Januar 1939 bot Jessen seinem Verlag wieder ein Heft an, das ebenfalls verschollen ist. So kann der etwaige Inhalt und das Ziel dieses Planes nur aus dem Begleitbrief vom 19.1.39 erahnt werden. "... Das Buch ist aus einer doppelten inneren Notwendigkeit mir erwachsen. Ich ging schon seit langem von der Feststellung aus, dass wir bisher kein Büchlein in diesem Umfang haben, das als wirklich anschauliche Gabe der Kirche an ihre Konfirmanden gebraucht werden kann." So dachte Jessen weniger an Betrachtungen von Geistlichen, die den Konfirmanden kaum verständlich und für ansprechend seien, sondern "viel wichtiger und eindrücklicher erschienen mir für diesen Zweck kurze Bekenntnisse und Erlebnisse von Laien, d.h. von starken christlichen Persönlichkeiten aus Geschichte und Gegenwart." Diese sollten nach Schlagworten mit Bibelstellen in Verbindung gebracht werden, um den Konfirmanden "die überzeitliche Bedeutung von Bibel und Christentum auf der Folie praktische Lebenszeugnisse" nahezubringen und die Berichte auszulegen. Der Stoff ist Jessen aus "Sammlungen von Illustrationen für Konfirmanden – und Katechismusunterricht", Andachten in seinem eigenen Konfirmandenunterricht und Teilen aus dem erwähnten ersten Manuskript vom September 1938 erwachsen. Die Gliederung des ganzen lehnt sich "in den ersten Teilen ... an die durch den Katechismus Luthers nahegelegten Stoffe" an. Das ganze Büchlein war auf 7 bogen (112 Seiten, Verf.) angelegt. Besprochen hatte Jessen sein Vorhaben mit Freunden aus der Volksmission der Bekennenden Kirche und mit K.D. Schmidt. (19.1.1939)

Der Plan dieses Buches zerschlug sich, Obgleich positiv aufgenommen, an den zu hohen Druckkosten, die einer nötigen weiten Verbreitung entgegengestanden hätten.

Die Arbeit am NT ging indessen auch während der Jahre bis zu seinem Tode unverändert weiter. Jessen fügte immer neue Korrekturen in sein Handexemplar, das leider verschollen ist, ein. Ende 1941 wäre eine Neuauflage des NT nötig geworden, denn der Bestand des Verlages war bis auf gut 100 Exemplare ausverkauft. Da jedoch für neue religiöse Bücher kein Papier bewilligt wurde, war an eine Neuauflage während des Krieges nicht zu denken. (VdH & R 17.12.41) Der Verleger Helmut Ruprecht riet daher 1944: "Nach Lage der Dinge kann ich Ihnen aber nur empfehlen, Ihre Arbeit am AT fortzusetzen, denn ein Neudruck, auch des NT, wird sobald nicht in Frage kommen. Und nur dann wäre es nach meinem Dafürhalten sinnvoll, dabei die kleinen Schönheitsfehler zu korrigieren." (VdH & R 19.2.44) Während des Krieges rechnete jedoch auch H. Ruprecht nicht mit einer Neuauflage. So war es Jessen nicht vergönnt, die 2. Auflage der Auswahl des AT und die 3. Auflage des NT zu erleben.

Die letzten Lebensjahre (1940 – 1945)

Die weitere Arbeit am Alten Testament, von der Jessen in seinem Beitrag zur Festschrift für Hans Vollmer berichtet, fiel schon in die Zeit der schweren Krankheit, die Jessens letzte Lebensjahre überschattet hat. Seit langen Jahren war Jessen Diabetiker und auch seine Frau war schwer herzleidend. Dennoch war das Haus "ein recht gastliches Haus, nicht eigentlich von einer schwachen Frau geprägt."[153] Auch Jessens Arbeitskraft hielt bis 1939 unvermindert an. Doch dann begann ein Augenleiden, und Jessen wurde zunächst ab 8. November 1939 beurlaubt. "Es handelt sich um eine Netzhautablösung am linken Auge, deren Behandlung an sich schon sehr schwierig und langwierig ist, aber bei meinem Zucker sich zu einer schweren Komplikation ausgewirkt hat. Nachdem ich etwa ein Vierteljahr stramm gelegen, schritt der Professor Ende Januar zu einer Operation (Elektrolyse)." (1. Juli 1940) Diese Krankheit mit der drohenden Erblindung war eine schwere Anfechtung für Jessen. Rückblickend schreibt er am 31. Dezember 1940 an seinen Freund Moritzen: "... Das letzte Jahr war für mich bisher das schwerste in meinem Leben. Völlig lahm gelegt in der Arbeit, ja, fast könnte man sagen: in jeder geistigen Bestätigung (ich bin ja nun einmal ein visueller Mensch), dazu in völliger Ungewissheit, was aus beiden Augen werden könnte! Aber der innere Gewinn war größer. Es ist doch gut, wenn man vor der

Operation einmal ganz reinen Tisch wieder machen muß, sich buchstäblich auf Gnade oder Ungnade ergeben, sich ganz ernst vor die Todeslinie gestellt wissen. Da fegt man erst mal allen menschlichen, ja, allzu menschlichen Plunder unbarmherzig weg. Aber man lernt es dann auch ganz persönlich üben, was man anderen oft genug ex officio und überzeugt als gut anempfohlen hat: sich ganz in den Willen Gottes fügen, sich ganz in sein Erbarmen betten und glauben – blind." Die Operation selbst verlief gut, doch durch die Diabetes verschlechterte sich der Allgemeinzustand: "Nach der Operation gab es doch etwa acht Tage das Schweben zwischen Leben und Tod (Praekoma), das ich allerdings nicht gewusst habe; denn ich döste in einem fort. Doch nachher bedrückte mich beides doch sehr. Dann das lange Warten auf Arbeitsfähigkeit, ... da gab es natürlich allerlei Depressionen."

Mitte Mai durfte Jessen nach langer Zeit wieder auf die Kanzel. "Es war eine ziemlich anstrengende Sache, weil im Anschluss an die Predigt eine Gedenkfeier für die beiden ersten Gefallenen aus Ansgar–Ost stattfand. ((Darunter auch der Sohn von Landesbischof Paulsen, Verf.)) Trotzdem hatte ich persönlich den Eindruck, dass der alte Johannes Jessen noch immer auf der Kanzel stand. Nur das Lesen machte mir in der düsteren Kirche etwas Not." (29.5.1940 an Moritzen) Auch mit dem Konfirmandenunterricht und gelegentlichen Andachten begann Jessen nun wieder. Anfang September 1940 konnte er sein Amt wieder voll aufnehmen. Neue Kraft schöpfend, schreibt er über diese Zeit sehr aufschlussreich an Moritzen: "... Dann aber erlebte ich auch einen ganz starken seelischen Auftrieb. Mir graute vor der Predigtvorbereitung. Doch siehe, ich habe in einigen Jahren nicht so frisch gearbeitet und gepredigt wie jetzt. Freilich, es gibt immer noch Schranken. Länger als drei Stunden darf ich täglich auch in Abständen nicht lesen. Aber ich darf wieder meine geliebte Schreibmaschine benutzen. Das ist mir ein großer Trost. Also viel zu tun. ... Endlich kommen viele Bitten um literarische Mitarbeit: Kalender, Sonntagsblatt, Festschrift für Prof. Vollmer – Hamburg, etc. Na, ich stöhne nicht. Ich freue mich, dass Gott mir noch einmal eine Gnadenfrist zum Schaffen gegeben hat. Er helfe mir, sie recht zu nutzen. Das Beste ist, sich immer wieder zu vergegenwärtigen, dass er uns eigentlich gar nicht braucht. Was wir treiben, ist ja nicht mehr als ein bischen Pusselarbeit, ein bischen Hoffegen. ..." (31.12.40 an Moritzen)

Der Eingriff war jedoch nicht ganz erfolgreich, so dass Jessen auf dem linken Auge fast erblindete.

Je länger jedoch der II. Weltkrieg dauerte und je mehr die Zivilbevölkerung direkt vom Grauen des Krieges betroffen war, desto weniger war Jessen den bei aller Hilfe bestehenden Belastungen des Großstadtpfarramtes gewachsen. Die harte Zeit mit ihren dauernden Bombenangriffen auf Kiel lähmte auch Johannes Jessen und seine Arbeit. In der Nacht vom 8. auf den 9. April 1941 zerstörte eine Torpedobombe das Nachbarhaus Jessens bis auf den Grund. "Um Haaresbreite blieben wir verschont. Für meinen Glauben auch ein absolutes Wunder, das uns eigentlich erst 14 Tage später zum Bewusstsein kam, als wir aus dem Schrecken erwacht waren." (15. Dezember 1941 an VdH & R)

Pastor in Niebüll

Jessens Arzt bat ihn dringend, mit Rücksicht auf seine Krankheit Kiel sofort zu verlassen. Das Landeskirchenamt beauftragte Jessen daraufhin mit der kommissarischen Verwaltung der Gemeinde Niebüll, Propstei Südtondern, an der Westküste. Bereits am 15.4.41 verließ Jessen Kiel, wie sein Sohn Walter dem Landeskirchenamt mitteilte[154] und trat am 6. Mai 1941 sein Amt dort an.[155] Er vertrat hier den zum Kriegsdienst eingezogenen Pastor Schröder. Über seine Tätigkeit in Niebüll schreibt Jessen: "Selbstverständlich fiel mir das vorläufige Scheiden aus meiner Gemeinde schwer, und doch möchte ich das letzte Jahr in Niebüll nicht missen; denn ich durfte dort den Wiederaufbau einer Gemeinde beginnen, die sich völlig verlaufen und jede vertrauensvolle Bindung mit ihrem zur Wehrmacht eingezogenen Pastor verloren hatte. Nun ist auch diese Arbeit nach Gottes Willen eine kleine Episode meines Lebens geworden..." (15.12.41 an VdH & R).

Am 31. Oktober 1941 erkrankte Jessen erneut. Morgens bemerkte er einen dunklen Schatten im Gesichtsfeld des rechten Auges. Nach einem sofortigen Anruf bei der Kieler Universitätsklinik wurde ihm beschieden, er solle umgehend nach Kiel kommen, um einer drohenden Erblindung durch eine Operation begegnen zu lassen. Über die folgende Zeit berichtet Jessen: "... So fielen die Würfel. Schnell ward im Studierzimmer der Strich unter meine amtliche Tätigkeit gemacht, das Notwendigste wieder eingepackt – dann ging's am 4. November durch tiefes nächtliches Dunkel zum Bahnhof in Niebüll, und bei noch dämmernden Morgen ward um zehn Uhr der Kieler Bahnhof erreicht. Die Eisenbahnfahrt im verdunkelten Abteil brachte Zeit und Muse genug, um mich noch einmal wieder innerlich ganz auf das Kommende einzustellen. Wir taten noch einen kurzen Blick in unser Heim in der Adolphstraße, ich mit klarem Bewusstsein darum, dass es für mich der allerletzte Blick sein könnte. Doch geschah das bei mir ohne Sentimentalität, denn in den letzten 4 Tagen hatte ich mich wohl bangend, aber auch voller Ergebung mit allen Möglichkeiten vertraut gemacht. Eine dreifache Untersuchung schuf schon gleich an diesem Vormittag völlige Klarheit. Zartfühlend und doch unerbittlich stach mir der Professor den Star. Er sagte nur kurz und bündig: 'Ohne einen Eingriff sind sie in 8 –14 Tagen blind. Greife ich ein, dann tu ich's aber nur, um ein allerletztes zu versuchen. Ob mit Erfolg, kann ich nicht sagen.' Das war eine Prognose, die an Deutlichkeit und Schicksalsschwere nichts zu wünschen übrig ließ. Und meine Antwort bündig und wohl überlegt? 'Was ich über dreißig Jahre lang als Herzstück meiner Glaubenshaltung mit Leidenschaft und persönlichem Einsatz gepredigt habe, dafür muß ich jetzt stramm stehen und persönlich die Probe auf das Exempel machen und bewahren.' "[156]

Jessen hatte der Operation zugestimmt und am "17. November fand der erste Eingriff statt. Merkwürdig, der Arzt hatte mit einem Ruck alle Bedenken beiseite gelegt. Warum? Für mich ein Wunder, denn mit dem ersten Tage der ärztlichen Behandlung war der Zucker, die Hauptgefahr, völlig verschwunden und auf einen normalen Stand gebracht, eine Erscheinung, die in den letzten 17 Jahren trotz aller ärztlichen Behandlung nicht ein einziges Mal auch nur annähernd eingetreten war. So hatte Gott längst in der Stille einen Weg gebahnt, um dessen Geheimnis niemand wusste."[157]

Der Eingriff wurde am 8. Dezember wiederholt, und einen Monat später schrieb Jessen an Helmut Ruprecht: "... Ende dieser Woche hoffe ich endlich wieder nach Hause kommen zu dürfen. Dann habe ich etwa 10 Wochen hier in der Klinik zugebracht, davon etwa 9 im Bett und zwar sechs Wochen mit fest verbundenen Augen. Ob die beiden schnell einanderfolgenden Operationen den gewünschten vollen Erfolg haben werden, wird erst die Zukunft zeigen. Der Professor hofft, dass die Netzhaut sich auch in der Mitte noch anlegen wird. Jedenfalls ist an Lesen und Schreiben einstweilen nicht zu denken. Ich bin aber schon dankbar dafür, dass Gott mich wenigstens vor einer vollen Erblindung bewahrt hat. ..." (8.1.42)

Pastor in Nübel

Ende März 1942 verlegte Jessen mit Einverständnis des Landeskirchenamtes seinen Wohnsitz nach Nübel bei Schleswig,[158] da auch die 3500 Seelengemeinde Niebüll zu groß für ihn geworden war, zumal nur eine geringe Besserung seines Gesundheitszustandes eintrat. In Nübel war sein Schwager Schröder Pastor gewesen. Zu ihm hatte Jessen seit dem Beginn ihrer Bekanntschaft und späteren Verwandtschaft ein freundliches Verhältnis. Beide standen in einem regen Gedankenaustausch. Der Neffe Gerh. Schröder wohnte einige Zeit bei Jessen in Schleswig, um dort sein Abitur zu machen. Jessens Schwager starb am 17. Mai 1941 an den Folgen eines Herzinfarktes; Jessen beerdigte ihn.

Die nun vakante Pfarrstelle wurde Jessen nach seiner Übersiedlung nach Nübel durch eine Verfügung des Landeskirchenamtes vom 29.9.1942 zur kommissarischen Verwaltung übertragen.[159] Der Dienst "bereitet mir rastlos Freude und fällt nur dank der von meiner Frau geleisteten Lese- und Schreibhilfe nicht so schwer. Freilich bedurfte es für mich bezüglich der Vorbereitung meiner Verkündigung einer großen Umstellung: einst sorgfältiges Manuskript und wörtl. Memoria, heute Meditation und völlig freie Rede. Aber für die Dorfgemeinde sicher ein Gewinn; denn die Predigt wird unwillkürlich ... unmittelbar und lebensnäher. ..."

(23.2.43 an VdH & R) Zwar berichtet Jessen von einer langsamen Besserung seiner Sehkraft, doch wurde dieser Brief, wie auch alle folgenden Schriftstücke, von seiner Frau geschrieben.

Die Gemeinde nahm Jessen sehr gut und gern auf. Hier machte er, wie in der ersten Zeit in Kosel, viele Hausbesuche, die die Gemeinde dankbar annahm.

Zum 1.4.1943 trat Jessen wegen seiner Krankheit in den vorzeitigen Ruhestand, blieb aber weiter als Verwalter in seiner letzten Gemeinde.[160] Längere Perioden der Krankheit unterbrachen immer wieder seine Amtstätigkeiten, doch Jessen schöpfte nach jeder Besserung erneut, vielleicht zu optimistisch, Hoffnung. So schrieb er mehrmals, er wolle noch einmal das NT überarbeiten und die Übersetzung des AT zu Ende führen. (24.2.44 an VdH & R) Mit Hilfe seiner Frau hat er wohl auch noch einiges ausführen können, jedoch sind auch hier alle Unterlagen verschollen.

Der Briefwechsel mit seinem Verleger endete im September 1944, als beide, Günther und Helmut Ruprecht, einberufen waren. Dieser Briefwechsel war mit den Jahren über das rein Geschäftliche hinaus immer persönlicher geworden, und die Briefe Jessens zeigen viel von seinem Denken und Fühlen, von seinen Nöten und Freuden, vor allem auch von seinem geradezu unerschütterlichen, manchmal übersteigerten, Optimismus.

Gegen Ende seines Lebens erblindete Jessen dann schließlich doch vollständig. Kurz nach Ende des II. Weltkrieges, Mitte Juli 1945, wurde Jessen wegen einer erneuten akuten Verschlechterung seines Gesundheitszustandes, gerade einen Monat zuvor hatte er nach langer Krankheit wieder den Dienst aufgenommen, in ein Schleswiger Krankenhaus eingeliefert. Dieser

Krankenhausaufenthalt war der letzte einer langen Serie von Kur- und Klinikaufenthalten in seinem Leben. Jessen fiel in ein Koma, aus dem er nicht mehr erwachte. Am 25. Juli 1945 verstarb Johannes Jessen in Schleswig. Er wurde am 28. Juli 1945 in Nübel an der Seite seines Schwagers beigesetzt. Auf dem hohen Granitkreuz über seinem Grabe stehen die Worte: "Deine Gnade ist mein Trost" (Psalm 109,21). Der Sohn Walter Jessen, er wollte Medizin studieren und wurde 1942 als Sanitätsoffizier eingezogen, schied 1947 aus dem Leben; Hedwig Jessen verstarb 1951.

Jessen post mortem – die Diskussion nach 1945

Gegen Ende der dreißiger Jahre war die plattdeutsche Verkündigung rückläufig und während des II. Weltkrieges ruhte sie weitgehend, wie überhaupt fast jegliche Mundartpflege zum Erliegen kam. Es wurde zwar das Volkstum, seine Bräuche, Sitten, Trachten und Kunst durch den Staat gefördert, bei den Dialekten legte man sich jedoch Zurückhaltung auf. Dialektpflege, an dieser Stelle mag das Niederdeutsche einmal hierzu gezählt werden, lief einem konsequenten Zentralismus zuwider. Dialekt war Absonderung und Besonderheit, bot Eigenständigkeit gegenüber der Zentralgewalt der Partei und des Staates, die nicht erwünscht war. Sprachliche Eigenart konnte schnell in kulturelle und politische Eigenart umschlagen und so die Ideologie des einen Volkes mit einem Staat und einem Führer, zu ergänzen ist: und einer Sprache, gefährlich werden.

Von dieser Entwicklung war die niederdeutsche Sprache und mit ihr die niederdeutsche Verkündigung, betroffen. Einige Prediger hörten eben deshalb auf; andere, unter ihnen Jessen, weil sie befürchteten, schließlich doch in den Sog jener verhängnisvollen Ideologie zu geraten. Doch auch ein anderer Grund bewegte Jessen, sich mit plattdeutschen Predigten rar zu machen. Er glaubte zu erkennen, dass die Hörer diese Predigten nur noch um des Neuen, des Anderen, der Sensation willen hören wollten und nicht um des Verkündigten willen. Diesem Bedürfnis wollte der leidenschaftliche Prediger Jessen nun gerade nicht nachkommen.[161]

1945 musste also, wie im Übrigen deutschen Geistesleben auch, in der niederdeutschen Verkündigung ein Neuanfang gemacht werden. Aktiv konnte Jessen nicht mehr daran teilhaben, doch seine Arbeit blieb in der Diskussion, ja, der Neuanfang nach 1945 war in gewisser Weise durch die Diskussion um seinen Ansatz bestimmt. So betont Hermann Hand 1951 im Zusammenhang mit einer Kritik an der Jessenschen Übersetzung: "... als auch die ganze Arbeit des Preesterkrinks von dieser Erfahrung ihren Ausgangspunkt nahm."[162] Ja, Hand geht in diesem Artikel noch weiter, wenn er unter Berufung auf Gerh. Schröder behauptet, "... dass Jessen, wenn er heute noch lebte, 'eine wesentlich verbesserte neue Auflage seines NT

angeboten haben würde'. In diesem Zugeständnis erfährt zweifellos auch die gegenwärtige Arbeit des Preesterkrinks ihre Legitimierung."[163] Es ist erstaunlich, dass Jessen nach seinem Tode die Diskussion, wenn auch als negative Folie gebraucht, neu entfacht hat und dass der Preesterkrink als Zusammenschluss plattdeutsch predigender Pastoren in Schleswig – Holstein immerhin den Ausgangspunkt und die Legitimierung seiner Arbeit in jenen Jahren durch die Übersetzung von Jessen erhalten hat.

Der Preesterkrink in Schleswig - Holstein[164] fand sich Pfingsten 1947 unter Leitung von Rudolf Muuß zusammen, um zum einen die äußeren Hilfsmittel plattdeutscher Gottesdienste wie Agende,

Gesänge und Gebete zusammenzustellen, zum anderen, um eben eine Gegenübersetzung zu Jessen zu erarbeiten. Daneben wurde er auch Zusammenschluss und Organisation plattdeutscher Geistlicher in Schleswig-Holstein, wobei gesagt werden muß, dass Rudolf Muuß weit über Schleswig-Holstein hinausstrebte und den gesamten niederdeutschen Raum im Auge hatte.

Mitten um die Diskussion um plattdeutsche Verkündigung nach 1945 traf dann 1951 die Kritik jener Pastoren an Jessens Übersetzung. Die Auseinandersetzung um seine Arbeit wurde durch einen Artikel von Ludwig Grube (1888-1965), Pastor in Flensburg, in der Zeitschrift "Für Arbeit und Besinnung" ausgelöst.[165] Dieser Artikel gibt, obwohl Grube nur in loser Verbindung zum Preesterkrink stand, dennoch zusammen mit dem Artikel von Hand die Meinung des Preesterkrink wieder und erscheint wie eine Rechtfertigung des eigenen Vorhabens.

Kernpunkt der Kritik war die Meinung, "dass in einer solchen 'Übersetzung' die Urschrift nicht genuin wiedergegeben wird."[166] Der folgende Abschnitt soll als Erläuterung dieser Kritik vollständig zitiert werden. Sie geht davon aus, dass Jessens Übersetzung "etwas Literarisches mit allen Vorzügen und Mängeln, die das mit sich bringt" ist. Grube schreibt: "Ein literarisches Werk kann wohl über seine Zeit hinausweisen; aber immer bleibt es geboren aus dem Geiste seiner Zeit. Und gerade dies Letzte tritt bei Jessens Übersetzung stark hervor. Die Zeit seiner Übersetzung war die Notzeit der gläubigen Gemeinde, da die Achtung vor der Schrift und die Treue auch gegenüber dem Buchstaben der Schrift selbst bei der Mehrzahl der zünftigen Theologen sehr nachgelassen hatte. Ob es bei Jessen an dem Geist seiner Zeit liegt, der diese Treue nicht so wesentlich war, wie sie es heute wieder ist, wenn das auch ganz unbewusst war, oder ob es der Gedanke und die Absicht bei ihm war, dass er erläutern wollte, jedenfalls hat er soviel Erweiterungen des Textes, bisweilen ganze Sätze eingefügt, dass von einer wirklichen Übersetzung keine Rede mehr sein kann. Was dazu kommt, ist, dass auch seine Ausdrucksweise nicht selten dem ganzen Ernst der Schrift nicht gerecht wird. Man verzeihe uns, wenn wir es so ausdrücken: Sein Stil mutet bisweilen salonmäßig an." (S. 251, Hervorhebungen durch den Verf.) Folglich will Grube die Übersetzung Jessens als Produkt der Zeit um 1933 gewertet wissen; "aber diese damalige große Zeitnähe macht sie für uns, die eine Welt von jener Zeit trennt, im tiefsten Grunde unmöglich." (S.251) Grube vermutet, dass ein großer Teil des Aufruhrs gegen die plattdeutsche Predigt nach 1945 in Schleswig–Holstein mit dieser Zeitnähe zusammenhänge, denn "man hat vielleicht befürchtet, wir würden heute predigen, wie Jessen damals übersetzte." (ebenda)

Nun, das wollte Grube keinesfalls, denn "wir aber finden heute in der Schrift etwas ganz anderes als die psychologische Methode. Wir

finden in der Schrift die Wirklichkeit, gegenüber der alles Psychologisieren uns anmutet, wie das Spiel eines Kindes." (S. 251) So möchte denn auch Grube "die harte Wirklichkeit Gottes" in einer Übersetzung gewahrt sehen, die "dem ewig unveränderlichen und unveränderten Geist der Schrift .... atmet." (S.251) Eine derartige Übersetzung habe Luther geliefert. Sie sei, wie auch Jessens Übersetzung, aus einem Guss, denn obgleich Luther zwar einen Stab von Mitarbeitern um sich hatte, geschah die Formgebung selber "ganz und gar durch dies mächtige Sprachgenie." (S. 250) Jessen sei aber keinesfalls mit Luther zu vergleichen, er sei eher ein "hochbefähigter plattdeutscher Literat." (S.251) Die Notwendigkeit, "dass eine Bibelübersetzung von einem Manne und nicht von mehreren gemacht wird, " erkennt Grube an, doch Kriterien für eine im "unveränderlichen und unveränderten Geist der Schrift" gehaltene Übersetzung gibt er nicht. Grube erkennt an, dass Jessens Übersetzung 1933 "ein ganz großer Wurf gewesen" sei: "wir bewundern Jessen und die Einheitlichkeit seines Werkes – und tun es noch heute .... Ein plattdeutscher Übersetzer der Bibel von solchem Format wie Jessen ist ein besonderes Geschenk und wird nicht allzu häufig sein." (S. 249) Aber die Übersetzung atmet den Geist seiner Zeit und "gerade in unserer Zeit drängt sich die letzte Frage besonders auf, welchen Geist diese Übersetzung atmet. Wir wollen jetzt wohl in allen Lagern der evangelischen Kirche nur das eine: Gottes Wort soll wieder ganz lauter und rein gepredigt werden, wie es Luthers Herzensanliegen gewesen ist - und wie es auch allein unserem Volk zum Heil und Segen sein kann." (S. 249)

Die Grundlagen der Jessenschen Übersetzung entsprechen nicht den Anforderungen Grubes, und er meint, sie ablehnen zu müssen. Leider belegt Grube seine Meinung nicht durch entsprechende Nachweise. Nach seiner Ansicht könne immer noch die Bugenhagenbibel gut Dienste leisten!

Der Aufsatz von Ludwig Grube wurde von G. Schröder kurz darauf in einem anderen Beitrag heftig kritisiert.[167] Er weist zunächst zurück, dass Jessen unter dem Einfluss des Jahres 1933 gehandelt habe und bemerkt: "Uns scheint, dass in seinem Aufsatz theologische Kritik an Jessens Bibelübersetzung und etwas fragwürdige Verdächtigungen hinsichtlich eines von G. jedenfalls behaupteten Einflusses des Jahres 1933 auf Jessens Übersetzungsarbeit zu sehr miteinander verquickt sind und deshalb die hier notwendigen Grenzen verwischt werden." (S.617) Schröder lässt gelten, dass Grube andere theologische Ansätze hinsichtlich einer Bibelübersetzung haben könne, "... aber gegen die

Verdächtigungen, aus einer Rauschverfallenheit an das Jahr 1933 seine Übersetzungsarbeit getan zu haben, würde Jessen schärfste Verwahrung eingelegt haben. Und wer Jessen persönlich gekannt hat, weiß, dass es keinen größeren Gegner jener politischen Ideologie und keinen schärferen Kritiker der mancherlei dem Geist jener Zeit anheim fallenden kirchlichen Unternehmungen gab als ihn." ... " ... die Kritik an einer zu ihrer Zeit von maßgebender wissenschaftlicher Seite anerkannten Arbeit auf die schlüpfrige Ebene einer Auseinandersetzung um den 'Rausch' des Jahres 1933 und ein durch ihn hervorgerufenes 'Psychologisieren' zu verlagern, - dazu kann ich als einer, der Jessen gekannt hat, nur ein entschiedenes Nein! sagen." (S. 617)

Schröder belegt diese heftige Replik mit dem Hinweis auf die lange Entstehungszeit der Übersetzung von 1918–1933: "... nein, die Übersetzungsarbeit Jessens ist langsam, sehr langsam in den Jahren 1918–1933, also in immerhin 15 Jahren, herangereift. Da auch Grube die 'Einheitlichkeit' von Jessens Werk ausdrücklich anerkennt und wir ein langsames Wachsen in einem langen Zeitraum festgestellt haben, wird es schwer sein, nachzuweisen, wo und wie sich Jessens plattdeutschen NT der äußere Einfluss einer verhältnismäßigen kurzen Epoche, der Zeit um 1933 nämlich bemerkbar machen sollte. Grube hat jedenfalls diesen Nachweis nicht erbracht." (S. 618) Im Blick auf die Übersetzungsmethode Jessens legt Schröder auf die Feststellung wert, dass Jessen jeweils die neuesten Kommentare hinzugezogen habe und ständig aus dem Urtext übersetzte. "Die Übersetzung sollte nicht nur theologisch richtig und wissenschaftlich einwandfrei sein, sie musste auch in wirkliches Plattdeutsch umgegossen werden." (S. 618) Dabei kam es auch zu paraphrasierenden Ergänzungen, wie sie bereits Luther mit der berühmten Einfügung des "solum" in Römer 1, 17 vorgenommen hatte, und wie sie besonders Menge in seiner

Übersetzung wählte. "Dennoch war Jessen sich aus seiner ganzen theologischen Haltung heraus absoluter Treue dem ewig unveränderlichen Gotteswort gegenüber bewusst. Sein Anliegen aber war: wie sagte ich dies ewig unveränderliche Wort dem plattdeutschen Menschen so, dass er es aus seinem Denken und Fühlen heraus versteht und an sich gerichtet weiß? Jessen benutzt die kräftige Bildhaftigkeit der plattdeutschen Sprache, um dem Wort Gottes wieder zu neuem Leben zu verhelfen. Er tut dies in einer Zeit, da manches Wort der Lutherübersetzung in der Gefahr stand, eine abgegriffene Münze und in eine ungefährliche Objektivität gestellt zu werden." (S. 620)

Hermann Hand, Gründungsmitglied des Preesterkrink, bemängelt in seinem Artikel[168] vor allem die anscheinend übergroße Freiheit der Jessenschen Übersetzung und die mit der Person des einen Übersetzers verbundene Subjektivität: "Fest steht jedenfalls, dass Jessens plattdeutsches NT in der vorliegenden Form für den praktischen Dienst kaum mehr zu gebrauchen ist. Ich selber habe es im Anfang bei plattdeutschen Predigten zu benutzen versucht, musste aber immer wieder feststellen, dass ich den Text ohne eigene Überarbeitung einfach nicht über die Zunge bringen konnte, weil er nach Kenntnis des Urtextes meinem Sprachgefühl widerstrebte." (S. 819) So meint Hand, die "Jessenschen Füllwörter" machten denText zwar manchmal flüssiger, seien aber im ganzen völlig entbehrlich. Daneben gilt, und das zählt für Hand vor allem: "Auch eine gewollt volkstümliche Redeweise ist in einer plattdeutschen Bibelübersetzung zu vermeiden, sie gleitet gar leicht ins Banale ab und schadet damit ihrem Zweck." (S. 820) So kommt Hand für sich folgerichtig zu einem Schluss, der bei Niederdeutschen leider oftmals zur Stützung der eigenen These dient, nämlich dem Gegner die Kundigkeit dieser Sprache abzusprechen: "Hier zeigt sich: die letzte Feinheit im plattdeutschen

Sprachgefühl geht Jessen doch zuweilen ab." Gestützt wird dieses Urteil durch die vorher gemachte Erklärung: " (so) darf ich hinzufügen, dass plattdeutsch Denken und Sprechen in meinem Leben ((in ausgesprochenem Gegensatz zu Jessen, von dem die Legende, auch Grube S. 249, wissen will, er habe erst mit 18 Jahren Plattdeutsch gelernt; Verf.)) das zeitlich Primäre vor dem Hineinwachsen ins Hochdeutsche gewesen ist und dass ich auch heute in mancherlei Weise plattdeutsch tätig bin. Ich glaube damit in der Beurteilung der Jessenschen Übersetzung keinem subjektiven Gefühl erlegen zu sein. ..." (S.819)

Zwei Stimmen aus dem Bereich der Universitäten nach 1945 sollen abschließend erwähnt werden. 1954 hat Gottfried Holtz den ersten maßgeblichen Abriss einer Geschichte der Niederdeutschen Kirchensprache[169] gegeben. Holtz bemerkt hier zu Jessen die Freiheit der Übersetzung, die in Paraphrase oder einen Kommentar überzugehen scheint und kommt zu dem Ergebnis: "... Uns scheint Jessen mehr einen mustergültigen kurzen volkstümlichen Kommentar als ein auch im kultischen Gebrauch denkbares Neues Testament geschaffen zu haben, ... Wie sehr Jessen die Sprache des Volkes spricht, ersieht man am leichtesten an seinen Überschriften der Perikopen."[170]

Eine gelungene Paraphrase der Texte, besonders des Alten Testamentes hebt auch Karl Homuth in seiner Dissertation über "Bemühungen um die niederdeutsche Bibel im 20. Jahrhundert"[171] hervor, wobei er besonders eine Anlehnung an die Übersetzung von Hermann Menge feststellt. Es bleibt allerdings zu fragen, ob der Nachweis anhand zweier Textstellen genügt. Homuth meint weiter zum AT: "... Es ist unschwer zu sehen, wie hier keine am Urtext orientierte Übersetzung geboten wird, sondern eine weitausholende Umschreibung; aber im gleichen Zusammenhang muß betont werden, dass Jessen die Kunst der Paraphrase meisterlich beherrscht." (S. 47)

Für das NT sieht Homuth eine "Übereinstimmung mit dem Urtext und der Lutherübersetzung" (S. 47) und meint abschließend hierzu: "... Eine Analyse ...zeigt, wie Jessen es versteht, die Perioden des griechischen Urtextes aufzufächern in kurze und kürzeste Sätze und dabei doch in der Nähe des Urtextes zu bleiben. Hier kann von 'Paraphrase' kaum gesprochen werden. Anders die Übertragung der alttestamentlichen Texte, wo fast ein Kommentar geboten wird." (S.47)

Schlussbetrachtungen

Zwei Grundlinien von Bibelübersetzungen zeichnen sich ab. Sie repräsentieren zugleich zwei unterschiedliche Vorverständnisse der Heiligen Schrift als Offenbarungsquelle des Christlichen Glaubens und implizieren gleichzeitig zwei unterschiedliche Interpretationen Martin Luthers. Dies gilt zumindest im Bereich niederdeutscher Bibelübersetzungen. Im Kontext dieser Monographie sind sie mit dem nach dem Zweiten Weltkrieg in Schleswig– Holstein gegründeten Preesterkrink und mit Johannes Jessen verbunden.

„Gottes Wort soll wieder ganz lauter und rein gepredigt werden,..."[172] so fordert Ludwig Grube, und nichts anderes wollte auch Johannes Jessen. Hierin zumindest sind sich beide einig. Die Unterscheidung liegt in der Methodik der Übersetzung, was ist hier statthaft und was überschreitet die Grenzen von der Übersetzung hin zur interpretierenden Übertragung?

Für Ludwig Grube und für den Preesterkrink ist es wesentlich, dass der Urtext als Urschrift genuin wiedergegeben wird. Grube fordert "Treue auch gegenüber dem Buchstaben, " damit dem "ewig unveränderlichen und unveränderten Geist der Schrift" Rechnung getragen wird. Und Hermann Hand sekundiert: "Wir haben schlicht das wiedergegeben, was da steht, und das lässt sich plattdeutsch durchaus ohne allzu viel abwegige Redewendungen durchführen. Damit soll gewiß nicht eine sklavische Worttreue in der Art der Bugenhagenbibel erstrebt werden, wohl aber die Beschränkung auf das Allernotwendigste in der Wortgestaltung..."[173] Dieser Ansatz ist allerdings der Gefahr ausgesetzt, sich sprachlich zu stark von Luther oder Bugenhagen beeinflussen zu lassen. Wünschenswert wäre eine wissenschaftlich exakte Übertragung in verständliches Hoch– oder Niederdeutsch, die gleichzeitig den "Geist der Schrift" atmet.

So ist es für die eine Richtung der Übersetzer der Urtext, der "genuin den ewig unveränderlichen und unveränderten Geist der Schrift atmet" und der eben darum möglichst getreu übersetzt werden muss, und für die andere ist es der Geist der Schrift, der in die Übersetzung hinübergenommen werden soll. Nun erfährt aber genau jener Geist der Schrift, sofern er sich überhaupt an den Buchstaben binden lässt, gerade durch eben diese Fixierung bereits im Akt der Übersetzung eine Veränderung, da eine kongruente Übertragung nicht möglich ist.

Diese Aporie jeder Übersetzung wird nun von Übersetzern, die ein eher positivistisches Bibelverständnis ihr eigen nennen, durch Bindungen andere, durch die Tradition der Kirche gewissermaßen geheiligte, Übersetzungen zu lösen versucht. So griff bereits Hieronymus bei der Übersetzung der Bibel in Latein auf ihm vorliegende ältere lateinische zurück, die er anhand des griechischen lediglich korrigierte. Diese später "Vulgata" (die

Allgemeine) genannte Übersetzung wurde durch Jahrhunderte die geheiligte Übersetzung der katholischen Kirche und auf dem Konzil von Trient im Jahre 1546 wurde sie, als Übersetzung, zur maßgeblichen Glaubens–und Sittenlehre der Römischen Kirche erklärt. 1592 revidiert, ist dieser Text heute noch gültig. Alle mittelalterlichen deutschen und niederdeutschen Übersetzungen folgen dem Text der Vulgata. Erst die Reformatoren lösten sich hier von der Tradition.

Luther übersetzte bekanntlich unter Mitarbeit zahlreicher Freunde aus dem Urtext und wollte den Geist der Schrift in die Übersetzung holen. Doch auch diese Übersetzung wurde als Lutherbibel gleich wieder zu Tradition. Schon Bugenhagen übersetzte fast gleichzeitig in enger Anlehnung an Luther "Woorde by Woorde" ins Niederdeutsche. Die reformatorische Übersetzung begründeten so eine neue Tradition. Die Berufung auf diese reformatorische Tradition sollte helfen, jene Aporie zwischen dem Geist im Urtext und der Wiedergabe in anderer Sprache zu lösen, um jenen "ewig unveränderlichen und unveränderten Geist der Schrift" zu bewahren. Zurück blieb jener beschworene und in Buchstaben gegossene Geist. Erst die niederdeutschen Übersetzungen wollen ihn wieder zu Wort kommen lassen.

Selbstverständlich muss der Urtext Grundlage einer Übersetzung sein. Er ist nun einmal der "urigste Text"[174], der uns heutigen zur Verfügung steht, und keine theologisch ernsthafte Übersetzung kann an ihm vorbei. Doch die Bibel will etwas mitteilen, sie hat etwas zu sagen, das über den Buchstaben hinausgeht. Die Bibel meint etwas und will davon Kunde geben. Sie berichtet davon, wie Gott an Menschen handelt, und diese Menschen berichten, wie Gott an ihnen gehandelt hat und was sie durch dieses Handeln erfahren haben. Jessen nannte dies den "Hartslag" der Texte.

Die älteste schriftliche Form und Sprache dieses Zeugnisses ist das Hebräische und Griechische. Doch diese sind nur eine Form der Sprache, das Zeugnis muss jedoch in der jeweiligen Sprache der Menschen immer neu gesagt werden, damit jener "ewig unveränderliche und unveränderte Geist der Schrift" neu zur Sprache kommt und verständlich wird.

Der neuere, zweite Grundtypus der Übersetzungen will nun möglichst frei von vorgegebener Tradition unter genauer Hinzuziehung der Urtextes jene Intention der Schrift als "Hartslag" in die Übersetzung herüberholen. Hierbei beziehen sich die Übersetzer auf den übersetzungstheoretischen Ansatz Luthers. Sie wollen den Urtext direkt in die Übersetzung "umgießen" und den "Hartslag" der Texte in der Übersetzung spüren lassen. So soll Luthers Ansatz in heutiger Zeit weitergeführt werden, seine Übersetzung stehen bleiben, aber kaum wörtlichen Eingang in die neue finden, denn scriptura semper est transferenda.

Johannes Jessen war bewusst Vertreter dieser Übersetzungsmethode, und seine Darlegung zum Thema können mit anderer Terminologie für alle Übersetzungen dieser Richtung gelten. So schreibt der ostfriesische Pastor und Bibelübersetzer Gerrit Herlyn: "Wir Menschen können zwar nicht jede Sprache verstehen, und es gibt nun mal für jeden Menschen normalerweise eine Muttersprache: wie sollte dann die Fleischwerdung des Wortes nicht bis dahin gelten, dass Gotteswort im Menschenwort ertönt! - ... auch die plattdeutsche Sprache unterliegt dem Gesetz aller menschlichen Sprache: dass alle ihre Wörter und Worte zuvor 'getauft' werden, d.h. Buße tun müssen. Eine dem Wort Gottes adäquate menschliche Sprache gibt es nicht, " denn gäbe es sie, "dann hätten wir den Heiligen Geist wohl so oder so zum

Verständnis entweder gar nicht mehr nötig oder je nach Art der Sprache mehr oder weniger."

So fordert Herlyn denn auch aus diesem Ansatz heraus: "Plattdeutsche Prediger werden vielleicht, ja hoffentlich auch eher davor bewahrt, einfach die Worte und Bilder der Bibel ab zu fotografieren; dafür werden sie vielmehr mit umso größerem Fleiß nach deren Sinn fragen und eben den nicht in vorgeformten theologischen Begriffen und überkommenen biblischen Worten zitieren, sondern ihn so bezeugen, dass Gott selber, der alle Sprachen spricht, auch darin zu Wort kommt."[175]

Beide Grundlinien der Bibelübersetzung, die traditionsorientierte und die von der Tradition gelöste, sind nicht wie Feuer und Wasser voneinander zu scheiden. Derartige Klassifizierungen sind immer schematisch, aber um der Verdeutlichung der Sache willen nötig. Interessant in unserem Zusammenhang ist, dass sich beide Grundtypen deutlich bemerkbar in neueren plattdeutschen Übersetzungen erheben lassen. So mehr traditionsorientiert in der Arbeit des "Arbeidskrink Plattdütsch in de Kark" in Nordelbien und andererseits eben in der Arbeit von Johannes Jessen.

Rudolf Muuß (1892 – 1972), federführend in der Übersetzungstätigkeit des damaligen Preesterkrink, hat sich bereits Anfang 1925 zu einer Bibelübersetzung geäußert: "Es ist an der Zeit, dass wichtige Teile des Alten und Neuen Testaments aus dem griechischen Urtext in leichter Anlehnung an Luthers hochdeutsche und Bugenhagens plattdeutsche Übersetzungen (1542) den plattdeutschen Gemeinden neu geboten werden."[176] Von diesem Ausgangspunkt her fand er keinen Zugang zu Jessen. Dessen Übersetzung war ihm "weithin so frei umschreibend bzw. feuilletonistisch, dass niemand sie am Altar gebrauchen konnte."[177]

So entstand durch den Preesterkrink eine Art Gegenübersetzung des Neuen Testamentes zu Jessen. Beide Übersetzungen belegen in einem Vergleich die Grundtypen exemplarisch:

Lukas 9,5

Muuß
... Un wo se ju nich opnehmen doot,
ut so'n Stadt gaht rut un schüddelt
den Stoff vun ju Fööt af – as Tüügnis
gegen ehr.

Jessen
Un wenn se ju nich fründli upnehmen doot,
denn kümmert ju nich mehr üm düsse Stadt
un slat ju den Stoff vun de Fööt!
Denn bliwt dat an ehr hangen!

Lukas 18, 41 – 43

Muuß
„... do fraag Jesus em: "Wat wullt du?
Wat schall ik för di doon?" Un de
Blinne sä: "Herr! Ik wull geern wedder
sehn könen." Do Jesus to em: "slah
dien Oogen op! Dien Glooben hett di
holpen!" Un miteen kunn de Mann

wedder sehn. Un he bleev bi em, un he pries Gott; un all de Lüüd, de dat beleevt harrn, de geven Gott de Ehr."

Jessen
„… fraag he em: "Wat wullt du vun mi?" He gew to Antwoord: "Ach Herr, wenn ick bloots sehn kunn!" Jesus sä: "Good, min Söhn, dat schall di warn! Du kannst sehn! Dien Glow hett di holpen!" Un wohrrafdi! Dat duer gor nich lang, do kunn de Mann sehn! Un he güng achteran vuller Goddlow. Un all de Lüd, de dat bilewen dän, verfehrn sick un gewen unsern Herrgodd de Ehr."

Römer 1, 17

Muuß
„Denn Gott sien Gerechtigkeit wiest sick dorin ut; de kümmt ut den Glooben, un de föhrt hen to'n Glooben, so as dat schreeben steiht: "De Gerechte schall dörch Glooben leben!"

Jessen
„Denn de Gerechdikeit, de Godd verlangt un de alleen in sien Oogen gelt'n deit, de ward hier künni makt un Gerechdikeit anbaden. Un bi düsse geiht dat toirst un toletz üm den

Glowen. Mit Glowen fangt dat an, un mit Glowen hört dat up. So steiht dat ock doch in de Biwel: "De Gerechde kriggt ut Glowen dat Lewen."

Bereits diese drei ausgewählten Abschnitte aus dem Neuen Testament lassen die Unterschiede erkennen. Sie wurden keinesfalls willkürlich ausgesucht, denn Lukas 9,5 wurde von Ludwig Grube bereits 1950 als Alternative zu Jessen übersetzt, und die Formulierung "as Tügnis öwer ehr" wurde dann mit der Änderung "gegen ehr" in die endgültige Fassung übernommen. Lukas 18,41–43 wurde von Hermann Hand als "banale Übersetzung" bezeichnet, wobei er besonders die Formulierung "Good, mien Söhn, dat schall di warrn!" gemeint hat. Schließlich sollte Römer 1, 17 eine Probe sein, inwieweit nun Urtext oder Luther gelten sollten.

Lukas Kap.9 und Kap.18 sind bei Muuß stark von Luther abhängig. Diese Abhängigkeit ist besonders in der Syntax auffällig, doch auch das Vokabular entspricht ihm. Diese Abhängigkeit hätte man sich nun auch in Römer 1,17 gewünscht. Doch ausgerechnet an dieser Stelle meinten Muuß und seine Mitarbeiter, den Urtext so genau wie irgend möglich, in diesem Falle wörtlich, wiedergeben zu müssen. So wird u.a. der griechische Genitiv an dieser Stelle nicht ausgelöst, sondern bleiben in seiner ganzen Zweideutigkeit bestehen. – Eine unbefriedigende Lösung bei der Übersetzung in eine ausgesprochene Volkssprache. (Vgl. hierzu Luthers Sendbrief vom Dolmetschen, a.a.O.) So ist die Übersetzung aller Stellen ein wenig holprig und farblos. Die farbigen Konturen der Lutherübersetzung sind im plattdeutschen, werden sie wörtlich übersetzt, geradezu farblos und spröde.

Jessen trifft dagegen mit seiner längeren Übersetzung den Kern der Aussagen. So bleibt in Lukas 9,5 die Nichtaufnahme der Jünger als Repräsentanten der Heilsbotschaft an die Städte und ihrer Bewohner geradezu als Makel hängen und ist nicht auslöschbar. Ein Zeugnis kann verblassen, der Makel bleibt und die Einmaligkeit der Botschaft Jesu wird betont. Auch die ganze Zuwendung Jesu, die dem Kranken in Lukas 18 gilt, wird durch die ohne Zweifel ungewohnte Antwort: "Good, mien Söhn, dat schall di warrn!" hervorgehoben. Der Kranke wird zum Sohn, dem die ganze Aufmerksamkeit in diesem Augenblick gilt und dennoch ist es für Jesus, wie für einen reichen Vater, ein Leichtes, den Wunsch nach Heilung und Heil zu erfüllen. "Un wohrrafdi! Dat duer gor nich lang, do kunn de Mann sehn, " hier wird das Staunen des Zuhörers in die Übersetzung hineingenommen. Auch Römer 1,17 scheint den von Luther gemeinten Grundsätzen einer Übersetzung mehr zu entsprechen und die Gerechtigkeit, die vor Gott gilt, die Gnade, zu betonen und vor missverständlicher Auslegung zu schützen.

Beide Übersetzungsrichtungen werden dennoch ihr Recht behalten müssen. Allein, dies kann nicht darüber hinwegtäuschen, dass die freiere Übersetzung lesbarer, klarer und verständlicher ist und somit den Intentionen der Verfasser der Evangelien und Episteln wohl am nächsten kommt.

Johannes Jessen ging eigene Wege als Prediger, so zum Beispiel in seiner Predigt über die Heimat im Jahre 1920, und als Übersetzter. Er wollte den Menschen seiner Heimat die Frohe Botschaft in ihren Bildern und in ihrer Sprache nahe bringen. So war er auch der erste nach langer Zeit, der jenen zweiten Weg der Übersetzung konsequent beschritten hat. Der Preesterkrink hat sich dagegen für den ersten, traditionsgebundenen entschieden und diesen Ansatz auch bei der Übersetzung der Psalmen für den Gottesdienst durchgehalten.[178]

In der Linie von Johannes Jessen stehen hingegen die Bemühungen der Arbeitsgemeinschaft plattdeutscher Pastoren in Niedersachsen. Sie werden in einer Reihe von Perikopenübertragungen und in einem bemerkenswerten Predigtband dokumentiert.[179] Auch sprachlich bilden sie eine Besonderheit, denn jeder Übersetzter und Prediger soll in seiner Mundart zu Wort kommen, auch wenn diese nicht von vornherein überall verstanden wird. Dieses Risiko geht die Arbeitsgemeinschaft um der Authentizität der Übersetzung und Predigten willen ein. Demgegenüber versucht der "Arbeidskrink Plattdüütsch in de Kark" in Nordelbien, eine vermeintlich allerorten verstandene Mundart, die mittelholsteinische, zu propagieren: "disse veer (die Redigenten des Muußschen NT, Verf.) hebbt sik op de middelholsteensche Mundaart eenigt, denn de warrd in ganz Nedderdüütschland good verstahn."[180]

Beide Ansätze werden ihre je eigene Berechtigung behalten. Es gab sie zu allen Zeiten, wenn Gottes Wort in Menschen Wort verständlich werden sollte. Jede lebende Sprache wandelt sich und entwickelt sich fort. Dem hat auch die Übersetzung alter Texte, wie der Bibel aus dem Hebräischen und Griechischen, Rechenschaft zu tragen. Die Sprache muss umgegossen werden, um mit Johannes Jessen zu reden. Nur so kommt der „Hartslag" des Textes hinüber in die neue Übersetzung. Eben darauf kommt es an: Der Hartslag berührt den Menschen und lässt ihn die Botschaft der Bibel erkennen und sich von ihr berühren und leiten.

Anhang

Anmerkungen

[1] Gerhard Schröder, Johannes Jessen, der plattdeutsche Bibelübersetzer, in: Kirche der Heimat, 36.Jg, Nr.23 Dez.1960.
vgl. auch ders., Erinnerungen an Johannes Jessen, den plattdeutschen Bibelübersetzer – zu seinem 100. Geburtstag am 12. Dez. 1980, in: De Kenning 3, Hermannsburg 1980, Heft 2, S. 2-13.
[2] Berta Gottfriedsen, Lebenserinnerungen, o.J., Maschinenschriftlich im Besitz von Bernd Gottfriedsen, Hermannsburg, S.107.
[3] Gespräch P.i.R. Gerhard Schröder, Thumby, mit dem Verfasser im Folg. abgek.: Gespr. Schröder.
[3] Berta Gottfriedsen, Lebenserinnerungen, wie Anm.2,S.107.

[5] Ebenda.
[6] Gerhard Schröder, Johannes Jessen, wie Anm.1.
[7] Ebenda.
[8] Visitationsbericht, undatiert, im Archiv des Landeskirchenamtes Kiel, Akte Johannes Jessen, Blatt 82 im Folg. abgek.: Archiv Bl.
[9] Johannes Jessen, Handschriftlicher Lebenslauf 1908, Archiv Bl. 20.
[10] Vgl. Studienbescheinigung für Joh. Jessen im Abgangszeugnis der Christian – Albrecht – Universität Kiel vom 13. Nov. 1906, Archiv Bl. 9.
[11] So W. Jannasch, in: Die Religion in Geschichte und Gegenwart, 3. Aufl., Band I, Sp. 934, Tübingen 1957.
[12] Johannes Paulsen, (Hrsg), Dat nie Testament von unsen Herrn un Heiland Jesus Christus na de plattdütsche Oversettung vun Dr. Johann Bugenhagen, Kropp 1885.
[13] Zitiert nach Heinrich Kröger, Klaus Groth und die plattdeutsche Bibel, in: Quickborn, 67. Jg., Nr.4, 1977, S. 206 ff, hier S. 210.
[14] Vgl. Anm. 10.
[15] Johannes Jessen, Lebenslauf.
[16] So der Freund Jessens, Pastor i.R. Johannes Moritzen, im Gespräch mit dem Verfasser. Im Folg. abgek.: Gespräch Moritzen.
[17] Gespr. Moritzen.
[18] Personalbogen Joh. Jessen vom 24.8.1933, Archiv Bl. o.Nr.
[19] Johannes Jessen, Aus der Kriegschronik des Kirchspiels Kosel, Eckernförde 1922, S.24 Zitate hieraus im Text in ( ) belegt. Vgl. auch das von Jessen mit herausgegebene Buch „Heimatgrüße des Kreises Eckernförde an seine Krieger zur Weihnacht 1915", und darin Jessens Beitrag „Unsere Gefallenen".
[20] Johannes Jessen, Predigt beim Begrüßungsgottesdienst für die heimgekehrten Krieger in Kosel, 12. Jan. 1919, abgedruckt in:" Kriegschronik wie Anm.19 S.231.
Zu den Kriegspredigten im I. Weltkrieg siehe auch Karl Kupisch, Die Deutschen Landeskirchen im 19. und 20. Jhdt. in: Die Kirche in ihrer Geschichte, 2. Aufl. Göttingen 1975, Bd, 4, Lfg R2, S. 92 ff.
[21] Gespr. Moritzen.
[22] Joh. Moritzen, Wandlungen im Kirchenwesen, ungedruckter Vortrag, verlesen auf der letzten Sitzung der Schleswig – Holsteiner Kirchenregierung in Kiel im Dezember 1976, S. 2.
Eine Analyse jener Zeit bietet Klaus Scholder. Er weist besonders auf das gestörte Verhältnis der Kirche zum Staat hin, das letztlich mit zur kirchlichen Katastrophe nach 1933 beitrug.

Klaus Scholder, Die Kirchen und das Dritte Reich, Frankfurt, Berlin, Wien 1977, Kap.1, S.3 – 25.

[23] Joh. Moritzen, Wandlungen,wie Anm.22.
[24] Ebenda.
[25] So Moritzen, Gespr. Moritzen.
[26] Joh. Moritzen in einem Brief an den Verfasser v. 27.8.1977.
[27] vgl. hierzu: Theodor Kaftan, Moderne Theologie des alten Glaubens, Schleswig1905.
und : ders. Der christliche Glaube im geistigen Leben der Gegenwart, Schleswig 1896.
[28] Vgl. auch Anm.12.
[29] Vgl .F. Heiler Artikel Hansen, in: RRG², Tübingen 1928 Band II, Sp. 1946 und ders. in:RRG³, Tübingen 1959, Band III, Sp. 72.
[30] Heinrich Kröger, Pastor Heinrich Hansen, ein Wegbereiter zur plattdeutschen Verkündigung, in: Nordfriesland 34, 9. Band, 2.Heft, S. 61 – 76.
und ders.: Ein Nordfriese in Niedersachsen, Pastor Heinrich Hansens literarische Wirkung, in: Nordfriesland 38/39, 10. Band, 2. und 3. Heft S. 109 – 120.
[31] Zitiert nach H. Kröger, Pastor Heinrich Hansen, wie Anm.30, S.64.
[32] Wie Anm.30, S.64.
[33] Heinrich Hansen, Psalmbook, Dat heet 60 christlige Leeder vör sassische Lüd, H.H. Nölke, Bordesholm1916.
[34] Vgl. auch Anm.134.
[35] Zitiert nach H. Kröger, Pastor Heinr. Hansen, wie Anm.30, S.65 In den neueren Gesangbüchern ist Hansen vielfach vertreten. So im Plattdüütsch Gesangbook, Hrsg. Arbeitskrink Plattdüütsch in de Kark, Breklum 1971², mit 18 vom 170 Liedern.
[36] Wie Anm 30. S.66.
[37] Siehe Quickborn, Jg. 9, 1915, Nr.2, S. 73 f.
[38] Vgl. auch zu Heinrich Hansen in: Plattdeutsch in Kirche und Religion 1700 – 1975, Vorl. Bibliographie, Hrsg. Vom Arbeitskreis für Plattdeutsch und Kirche an der Theol. Akademie Celle, Celle o.J., Nr. 167 -180.
[39] Vgl. hierzu auch: Heinrich Kröger, Plattdeutsch auf der Möllner Lehrkonferenz, Manuskript.
[40] Wie Anm, 39.
[41] Wie Anm. 39.
[42] Heinr. Kröger, Heinrich Hansen, wie Anm.30, S. 71.
[43] Paul Fleisch, in: Evangelische Wahrheit, 1.Mai 1917, Jg. VIII, Nr. 5 Sp. 239 ,
[44] Zitat bei: Paul Fleisch, in: Evangelische Wahrheit, Jg. IX, Nr.8, Febr. 1918, Sp. 127.
[45] Vgl. hierzu Jürgen Harms, Wie beten die Plattdeutschen, Paul Fleisch und die Frage der plattdeutschen Predigt, in: De Kennung, 2. Jg., Heft 1, 1979, S54 – 60.
[46] Fr. Köhn (Hrsg.); Sünndagsklocken, Stadt – un Dörp – Predigten, Paul Christiansen, Wolgast 1922, im Folg. in ( ) zitiert.
[47] Johannes Jessen, Gotts Woort in unse Moderspraak,Vortrag in der Hamburger Universität am 24. Nov.1938, in: Die Dorfkirche, 32.Jg., Juli 1939, Heft 7, S.197 ff. im Folg. in ( ) zitiert. Der Vortrag ist auf Wunsch des Hamburger Philologen Conrad Borchling gehalten worden, wie aus einem Brief Jessens an seinen Verleger G. Ruprecht vom 11.7.1938 hervorgeht.
[48] So die Formulierung von Johann Diedrich Bellmann (Hrsg.) als Titel einer Dokumentation, Bremen 1975.
[49] Daneben stehen allerdings Aussagen von Paul Fleisch, der auf Grund einer Umfrage des Stader Sonntagsblattes meint, dass der Plattdeutsche,

abgesehen von einigen „Gebetsseufzern" ausschließlich hochdeutsch bete. „Das Hochdeutsche ist für die niedersächsischen Landgemeinden die heutige Sprache, in der nicht nur in der Kirche gepredigt, gebetet und gesungen, sondern auch im Kämmerlein gebetet wird. Es ist die heilige Sprache und als solche empfunden." In: Die Dorfkirche, 14.Jg., 1920, Heft 2, S. 33 ff. Fleisch, von Haus aus Hochdeutscher, bedauert das. Schon 1919 schreibt er dazu: „ Es bedeutet doch nicht mehr und nicht weniger, *als daß der plattdeutsche Bauer das Evangelium in fremder Sprache hört und daß er in fremder Sprache zu seinem Gott betet."* In. Die Dorfkirche, 13. Jg., Nov. 1919, Heft 2, S.45

[50] Johannes Jessen, Gotts Woort plattdüütsch, in: Festschrift Hans Vollmer, Potsdam 1941, S. 138 ff, hier S. 150.

[51] Ebenda S. 139.

[52] Ebenda.

[53] Vgl. Gerh. Schröder, Noch einmal Johannes Jessens plattdeutsches Neues Testament, in: Für Arbeit und Besinnung, 4. Jg, Nr.4 Kiel 1951, S.615 ff., und den in Anm.1 genannten Gedenkartikel, S. 4. f.

[54] Einen Überblick bietet Heinr. Kröger, Plattdeutsche Predigtliteratur im 20. Jahrhundert, Vorwort zum Predigtband „Plattdüütsche Predigten ut us Tied", Heinr. Kröger (Hrsg), Leer 1977, S.5 ff.

[55] Sleswig-Holsteener Bund (Hrsg), Veer plattdüütsche Predigt'n hol'n an'nSleswig – Holsteener Dag in Flensborger Karken, Flensburg 1920, im Folg. in ( ) zitiert.

[56] Gespr. Schröder, vgl. auch den Anm. 1 genannten Gedenkartikel S.3.

[57] Gespr. Schröder, vgl. auch den Anm. 1 genannten Gedenkartikel S.3.

[58] So Bernd Gottfriedsen gegenüber dem Verfasser.

[59] Gespr. Schröder.

[60] Archiv Bl. 85.

[61] Ebenda.

[62] Gespr. Moritzen.

[63] So z.B. am 24.3., 7. und 14.6. 1925, vgl. Was soll ich predigen? 8.Teil, Gelegenheitsreden, Hrsg. V. J. Lensch, Wolgast o.J. (ca.1926), 7. Teil (1926), ebenda S. 81 ff, und 10. Teil (1927), S. 10 ff, vgl. auch Verzeichnis der Geistlichen, die plattdeutsche Predigten halten, in: Niedersachsenjahrbuch (1927), Hermes Verlag Hamburg 1926, S. 99.

[64] Johannes Jessen, Sünnenstrahln ut usen Herrgodd sin Welt, Plattdütsche Predigten un Reden, sammelt un rutgewen vun Johannes Jessen, J. Bergas Verlag, Schleswig 1926. Zitiert hieraus im Folg. in ( ).

[65] Gespr. Schröder. P. Schröder hat die Predigt seinerzeit gehört.

[66] Brief vom 8. Okt. 1937, Archiv Vandenhoeck & Ruprecht, Göttingen. Dieser Brief ist die früheste biographische Notiz, die sich durch Briefe Jessens belegen lässt. Den umfangreichsten erhaltenen Briefwechsel führte Jessen mit seinem Verleger. Der Briefwechsel wurde mir dankenswerterweise von Herrn Dr. Günther Ruprecht vollständig zur Auswertung überlassen. Ansonsten sind nur noch vereinzelte Briefe im Nachlaß Jessens vorhanden. Briefe Jessens an den Verlag werden im Folg. mit (Datum) abgekürzt, Schreiben des Verlages an Jessen mit (VdH & R, Datum).

[67] Dies bestätigt sein Neffe. Gespr.Schröder.

[68] Das trifft allerdings nur bedingt zu, denn Jessen pflegte nach Aussagen der Freunde durchaus Freundschaften und gesellschaftlichen Kontakt.

[69] 14. Oktober 1937 an VdH & R.

[70] Johannes Jessen, Denk an den Fierabend! Predigt, hol'n in'n Rundfunk – Goddesdeenst in Kiel, an'n 13. Februar 1927, Verlag der Schleswiger Nachrichten, Schleswig 1927, Zitate im Folg. in ( ).

[71] Gespr. Schröder.

72 Brief von Joh, Moritzen am 12.4.78 an den Verfasser.

73 Vgl. Anm. 49. Im Folg. in ( ) im Text belegt.
74 So auch Stoltenberg bereits 1920, vgl. Anm. 134.
75 Gerh. Schröder, Joh. Jessen, a.a.O., und sein ebd. Genannter Gedenkartikel, S. 7.
76 Martin Luther, Sendbrief vom Dolmetschen, zitiert nach: H.H. Borchert und G. Merz, (Hrsg), Martin Luther, Gesammelte Werke in 6 Bänden, München 1968³ (Münchner Ausgabe). Bd 6.
In diesem Zusammenhang sollen nur die Schwierigkeiten von Übertragungen unter Wahrung der Eigenständigkeit der Sprache behandelt werden. Daß darüber hinaus die Einfügung des Interpretamentes "sola" im Kontext des lutherischen "sola gratia, sola scriptura, solus Christus" gesehen werden muss und somit eine theologische Abgrenzung darstellt, versteht sich von selbst. Interessant ist, daß Luther diese Einfügung aber auch sprachtheologisch begründet.
77 Vgl. im übrigen zur Einführung in Luthers Schrift die Einleitung in der Münchner Ausgabe, Bd 6. S.431 ff.
78 Luther, wie Anm.76. S. 13, im Folg. in ( ) belegt.
79 Zitiert nach D. Martin Luther, Die Gantze Heilige Schrift Deudsch, Wittenberg 1544, Nachdruck Darmstadt 1972.
80 Johannes Jessen, Dat Nie Testament in unse Moderspraak, 6.Aufl.Göttingen 1968,
81 22. Juni 1932 an VdH & R.
82 Dat Ni Testament för plattdütsch Lüd in ehr Muddersprak öwerdragen, Britische und Ausländische Bibelgesellschaft, Berlin 1929.
83 So die Randbemerkung des Verlages auf dem Brief v. 22. Juni 1932.
84 27.2.1937 an VdH & R.
85 D. A. Völkel, Brief an den Vorstand der Bibelgesellschaft für die Herzogtümer Schleswig und Holstein vom 6. Dez. 1932, Abschrift im Archiv VdH & R.
86 Ebenda.
87 D.A. Mordhorst, Brief an die Bibelgesellschaft vom 6. Dez.1932, Abschrift im Archiv VdH & R.
88 Vgl. Protokollbuch der Bibelgesellschaft 1933. Eine Fotokopie des Beschlusses wurde dem Verf. freundlichst überlassen.
89 Durchschrift im Archiv VdH & R.
90 Ebenda.
91 Ernst Voß, Das plattdeutsche Neue Testament für Mecklenburg, in: J.D. Bellmann und H. Kröger
(Hrsg) Sprache, Dialekt, Theologie, Göttingen 1979, S, 175-186.
92 Dat näie Testament in dat ostfräske Plattdüts, öfersett't van O. Boekhoff, Pastor in Loga, Verlag A.H.F. Dunkmann, Aurich 1915.
93 So die Chronik der Kirchengemeinde Loga, Abfassung begonnen 1931 durch P. Heinrich Reimers, S. 11 – 14. Im Folg. durch ( ) belegt. Ältere Unterlagen über Boekhoff waren nicht zu ermitteln.
94 Johannes Jessen, Gotts Woort Plattdüütsch, wie Anm.50, S.139 f.
95 Jessen kannte den genauen Titel nicht, da die erste Seite in dem ihm vorliegenden Exemplar fehlte. Aus einer Anmerkung der Redaktion der Festschrift lässt sich entnehmen: "Wir ermittelten den Wortlaut des fehlenden Titelblattes. Es handelt sich um die 'Biblia, Dat ys: De gantze Hillige Schrifft / Sassisch / D. Mart. Luth. - ... Wittenberch // Lorentz Seuberlich 1599 (4°).' "
96 Abschriften im Archiv VdH & R.
97 Ebenda.
98 Ebenda.

[99] P. Hanselmann, in: Niederdeutsche Kirchenzeitung, No 10, 1933, S. 190 Abschrift im Archiv VdH & R.
[100] Hahn, Das Evangelium in der Muttersprache, in: Rundfunkhörer, Nr. 19, 1933, S. 6. A´bschrift in einem Brief an Wollermann v. 8.5.33, Durchschrift im Nachlaß Jessen.
[101] P. Juhl, Godds Wort in uns' Modersprak, in: Itzehoer Nachrichten, 6. Juni 1933.
[102] Eekboom, Juni, Nr. 6, 1933, Abschrift im Archiv VdH & R.
[103] G. Thomsen, Dat Nie Testament in unse plattdütsche Modersprak, in: Ansgar Bote, Kiel,4.6. 1933.
[104] Ebenda.
[105] Carl Westphal, Dat nie Testament in unse Moderspraak, in: Niederdeutsche Welt, Jg 8, 1933,   S. 264.
[106] J. Erichsen, Rezension in den Schleswiger Nachrichten, 1933, Abschrift im Archiv VdH & R-
[107] Abschrift im Archiv VdH & R.
[108] Gerh. Schröder, Joh. Jessen,wie Anm.1, und den ebd. Genannten Gedenkartikel, S. 6 .
[109] Es werden hier nur jene Ereignisse berücksichtigt, die die Arbeit Jessens unmittelbar berührten, wobei neben anderen einschlägigen Werken Johann Bielfeldt, Der Kirchenkampf in Schleswig – Holstein 1933 – 1945, Göttingen 1964, benutzt wird.
[110] Bielfeldt, wie Anm. 109. S. 21.
[111] Wie Anm.109. S. 29.
[112] Differenziert dargestellt bei Klaus Scholder, wie Anm.22, S. 450 ff
[113] Bielfeldt, wie Anm. 109. S. 41.
[114] Wie Anm.109, S. 43.
[115] Wie Anm.109, S.51 .f
[116] Wie Anm. 109, S.52.
[117] Zitiert nach Bielfeldt, wie Anm.109, S. 216.
[118] Gespr. des Verf. mit Konsistorialrat i.R. Johann Schmidt, Preetz.
[119] Gespr. Schmidt und Moritzen.
[120] Gespr. Moritzen.
[121] Johannes Jessen, Ehr dat düster ward..., Otto Meißners Verlag Hamburg o.J.
[122] Brief vom 29.5.1940 an Moritzen, Privatarchiv Moritzen.
[123] Brief vom 31.12.1940 an Moritzen, Privatarchiv Moritzen. Die Anmerkungen in () geben Randbemerkungen des Empfängers wieder.
[124] Jessen hoffte insgeheim auf eine derartige Anerkennung. Gespr. Schröder
[125] Gerh. Schröder, Joh. Jessen, wie Anm.1
[126] Johannes Jessen, Ehr dat düster ward – Sünnenstrahln ut Godds Woord, Otto Meißners Verlag, Hamburg,o.J. Die "Blätter der Fehrs – Gilde", 12. Jg, Okt 1934 – Sept. 1935, abgeschlossen 27.5.1935, Heft 2, Hamburg 1935 zeigen S.33 das Büchlein "Ehr dat düster ward" und den "Katechismus" an.
[127] Wie Anm.126, S. 48.
[128] Johannes Jessen, D. Martin Luther sien Lütt Katekism in unse Moderspraak, Otto Meißners Verlag, Hamburg, o.J. Vgl. Anm. 125.
[129] Wie Anm. 128, S. 3 f
[130] Wie Anm.128. S. 6 f.
[131] Wie Anm. 128. S. 10 f.
[132] Wie Anm. 128, S. 22 f.
[133] Johannes Jessen, Queelt sik dien Hart mit Sorgen ..., H.H. Nölke Verlag, Bordesholm o.J. vgl. Hierzu H. Kröger, Plattdeutsche Erbauungsliteratur im 3. Reich, in: Quickborn 76, Hamburg 1986,   Nr. 2, S. 111 – 118.

[134] Brief am 25.11.1937 an VdH & R.
[135] Theodor Stoltenberg, Plattdütsch Gesangbook, Sößtig Leeder in uns Modersprak ümsett, Nordmark Verlag Schleswig 1921.
[136] Jessen am 11.Februar 1937. Im Folg. wird der Briefwechsel zwischen Jessen und seinem Verleger G. Ruprecht im Text ( ) belegt.
[137] Original im Archiv VdH & R.
[138] FS S. 138. Leider sind diese Manuskripte verloren-bis auf zwei Kapitel, die in der Neuauflage Göttingen 2006, veröffentlicht worden sind.
[139] Edith Joost, Johannes Jessen, Dat Ole un dat Nie Testament in unse Moderspraak, (Rez.) in Quickborn, 67. Jg, Hamburg 1977, Nr. 3, S. 167 f.
[140] so Edith Joost, wie Anm.139.
[141] Unterstreichungen auch im Original.
[142] Anonym, Ein Weg in die Bibel, in: Volk und Kirche, Hrsg. Fritz Seefeldt, 10. Jg, Nr.31, Neumünster 1937 Sp. 251 ff.
[143] Monatsschrift für Pastoraltheologie, 33. Jg, Nr 11/12 Göttingen 1937, S. 381, Anm. 1 (Robert Frick).
[144] R. Hupfeldt, P. Johannes Jessen, Dat ole Testament in unse Modrspraak, in: Deutsches Pfarrerblatt, Nr. 9, 1939.
[145] Fork, Die Bibel in Übersetzung und Umdichtung, in: Das niederdeutsche Luthertum, 32. Jg, Nr. 4, Hamburg 1938.
[146] Die Dorfkirche, 31. Jg, Nr.4, 1938, S. 122.
[147] ebenda, Nr 1, 1938, S. 25.
[148] Hannoversches Sonntagsblatt, Nr 9, 1938.
[149] Edwin Speckmann, Plattdeutsche Bibel, In: Hamburgische Kirchenzeitung, Nr 12, 1937, S. 264.
[150] Knodt, Christus auf Deutsch, in: Hessisches Kirchenblatt, 49. Jg, Nr 6, 1939.
[151] Ernst Strasser, Jessen, Dat Ole un dat Nie Testament in unse Moderspraak, (Rez.) in: Theol. Literaturzeitung, Nr 18, Leipzig 1938, S. 328.
[152] Abschrift im Archiv VdH & R, Brief vom 7.12.38.
[153] Moritzen in einem Brief an den Verf. Vom 12.4.1978.
[154] Schreiben von Walter Jessen vom 9.5.41 an das LKA Kiel, Archiv Bl. 202.
[155] Schreiben von Joh. Jessen vom 9.5.41 an das LKA Kiel, Archiv Bl. 206.
[156] Johannes Jessen, Aus der Krankenstube, Ein Weihnachtsgruß, Hektographie 1941.
[157] Ebenda.
[158] Archiv Bl. 220.
[159] Archiv Bl. 223.
[160] Archiv Bl. 225.
[161] Gespr. Schmidt.
[162] Hermann Hand, Zur plattdeutschen Übersetzung des NT, in: Für Arbeit und Besinnung, 4. Jg, Sept. 1951 S. 819.
[163] Ebenda.
[164] Vgl. Hierzu auch ders. In: De Kennung, 2. Jg, Nr.1, Celle 1979, 41 ff.
[165] Ludwig Grube, Johannes Jessen plattdeutsches Neues Testament, in: Für Arbeit und Besinnung, 3. Jg, Nr. 7, 1950 S, 249 ff.
[166] Wie Anm.164, im Folg. in ( ) belegt.
[167] Gerh. Schröder, Noch einmal Joh. Jessens plattdeutsches Neues Testament, wie Anm.53, im Folg. in ( ) belegt.
[168] Hermann Hand, Zur plattdeutschen Übersetzung des NT, wie Anm.162, im Folg. in ( ) belegt.
[169] Gottfried Holtz, Niederdeutsch als Kirchensprache, in: Wiss. Zeitschrift der Universität Rostock, 4. Jg 1954/55, Gesellschaft – und Sprachwissenschaftliche Reihe, Heft 2, S. 151 ff, Überarbeitet in: Festgabe für G. Holtz, Göttingen 1980, S. 15 – 88.

[170] Wie Anm. 169, S. 161.
[171] Karl Homuth, Bemühungen um die niederdeutsche Bibel im 20. Jahrhundert, Inaugural Dissertation, Rostock 1974, behandelt nur die Hauptexponenten Voß und Jessen , läßt aber ihre wichtigsten Vorläufer außer acht und gibt im ganzen mehr eine Begründung der eigenen Übersetzung. Im Folg. in ( ) belegt
[172] Ludwig Grube, wie Anm.165, S. 249.
[173] Hermann Hand, Zur plattdeutschen Übersetzung des NT, wie Anm. 162..
[174] Diesen Ausdruck gebraucht der Germanist Gerh. Cordes bei einer Diskussion im Pastoralkolleg Loccum 1974, um die Verhältnismäßigkeit jeder Übersetzung der Evangelien und der darin enthaltenen Jesusworte anzudeuten.
[175] Gerrit Herlyn, Gottes Wort Plattdeutsch, in: Reformierte Kirchenzeitung, 117 Jg. 1976, Nr. 7, S. 81.
[176] Rudolf Muuß, Plattdeutsche Choräle, in: Quickborn 18, Hamburg 1924/25, Nr. 2, S. 38 – 40 hier S.40.
[177] ders. Niederdeutsch im Gottesdienst, in: Niederdeutsch, hrsg.v. Richard Mehlem und Wilhelm Seedorf, Hannover 1957, S. 47 – 51, hier S. 51.
[178] Psalmen in Auswahl für Gottesdienste, erarbeitet vom Arbeidskrink Plattdüütsch in de Kark (Preesterkrink), Hektographie o. J.
[179] Das Sonntagsevangelium plattdeutsch, Soltau 1975, 3. Auflage Die Sonntagsepistel plattdeutsch, Soltau 1977, 3. Auflage Dat Oole Testament för jeden Sünndag, Soltau 1975 Zusammengefaßt und erweitert in Plattdüütsch Lektionar, Hermannsburg 1981; Heinrich Kröger (Hrsg); Plattdüütsche Predigten ut us Tied, Leer 1977.

[180] Vorwort zu: Dat Niee Testament Plattdüütsch, vun Rudolf Muuß, Breklum 1975.

Schriften Johannes Jessen

Jessen, Johannes, Dat Nie Testament in unse Moderspraak,
         6.Auflage Göttingen 1968.
Jessen, Johannes, Dat Ole Testament in unse Moderspraak,
         4. Auflage Göttingen 1968
Jessen, Johannes, Aus der Kriegschronik des Kirchspiels Kosel,
         Eckenförde 1922
Jessen, Johannes, Sünnenstrahln ut usen Herrgott sin Welt,
         Schleswig 1926
Jessen, Johannes, Denk an den Fierabend!, Predigt, Schleswig
         1927
Jessen, Johannes, Ehr dat düster ward, Hamburg o. J.

Jessen, Johannes, D. Martin Luther sein Lütt Katekism in unse
         Moderspraak, Hamburg o. J.
Jessen, Johannes, Queelt sick dien Hart mit Sorgen….,
         Bordesholm o. J.
Jessen, Johannes, Gotts Word in unse Moderspraak, in: Die
         Dorfkirche 1939
Jessen, Johannes, Gotts Woort plattdüütsch, in: Festschrift Hans
         Vollmer, Potsdam 1941
Jessen, Johannes, Aus der Krankenstube, Hektographie1941

Literaturverzeichnis

Anonymer Verfasser, in: Die Dorfkirche, 31. Jg, Nr.4, 1938
Anonymer Verfasser, Ein Weg in die Bibel, in: Fritz Seefeldt, (Hrsg.), Volk und Kirche, Neumünster 1937
Arbeitskreis für Plattdeutsch und Kirche a. d. Theologischen Akademie Celle, (Hrsg.) Plattdeutsch in Kirche und Religion 1700 – 1975, Celle o. J.
Arbeitskrink Plattdüütsch in de Kark,(Hrsg.), Plattdüütsch Gesangbook, Breklum 1971
Bellmann, Johann Diedrich (Hrsg.), Kanzelsprache und Sprachgemeinde, Bremen 1975.
Bielfeldt, Johann, Der Kirchenkampf in Schleswig – Holstein 1933 – 1945, Göttingen 1964
Boekhoff, Oldig, Dat näie Testament in dat ostfräske Plattdüts, Aurich 1915
Erichsen, J., Rezension in den Schleswiger Nachrichten, 1933
Fleisch, Paul, Wie beten die Plattdeutschen?, in: Evangelische Wahrheit,1917
Fork, Die Bibel in Übersetzung und Umdichtung, in: Das niederdeutsche Luthertum, Hamburg 1938
Friedrich Heiler, Artikel Heinrich Hansen, in: Die Religion in Geschichte und Gegenwart³, Tübingen 1959
Gottfriedsen, Berta, Lebenserinnerungen, o.J., Maschinenschriftlich im Besitz von Bernd Gottfriedsen, Hermannsburg, o.J.
Hahn, Wilhelm, Das Evangelium in der Muttersprache, in: Rundfunkhörer, Nr. 19, 1933
Hand, Hermann, Zur plattdeutschen Übersetzung des NT, in: Für Arbeit und Besinnung,1951

Hansen, Heinrich, Psalmbook, Dat heet 60 christlige Leeder vör sassische Lüd, H.H. Nölke, Bordesholm1916.
Harms,Jürgen, Wie beten die Plattdeutschen, Paul Fleisch und die Frage der plattdeutschen Predigt, in: De Kennung, Celle 1979
Herlyn, Gerrit, Gottes Wort Plattdeutsch, in: Reformierte Kirchenzeitung,1976
Holtz, Gottfried, Niederdeutsch als Kirchensprache, in: Wiss. Zeitschrift der Universität Rostock, 1954/55
Homuth, Karl, Bemühungen um die niederdeutsche Bibel im 20. Jahrhundert, Inaugural Dissertation, Rostock 1974
Hupfeldt, R., Johannes Jessen, Dat ole Testament in unse Moderspraak, in: Deutsches Pfarrerblatt, Nr. 9, 1939.

Jannasch, W, Art. Baumgarten, Otto, in: Die Religion in Geschichte und Gegenwart, 3. Aufl., Band I, Sp. 934, Tübingen 1957

Joost,Edith, Johannes Jessen, Dat Ole un dat Nie Testament in unse Moderspraak, (Rez.) in: Quickborn, 67. Jg, Hamburg 1977

Juhl, P, Godds Wort in uns' Modersprak, in: Itzehoer Nachrichten, Juni 1933

Kaftan, Theodor, Moderne Theologie des alten Glaubens, Schleswig 1905

Kaftan, Theodor, Der christliche Glaube im geistigen Leben der Gegenwart, Schleswig 1896

Knodt, Christus auf Deutsch, in: Hessisches Kirchenblatt, 1939

Köhn, Friedrich, (Hrsg.); Sünndagsklocken, Stadt – un Dörp – Predigten, Paul Christiansen, Wolgast 1922

Kröger, Heinrich, (Hrsg), Plattdeutsche Predigtliteratur im 20. Jahrhundert, Vorwort zum Predigtband „Plattdüütsche Predigten ut us Tied", Leer 1977

Kröger, Heinrich, (Hrsg); Plattdüütsch Lektionar, Hermannsburg 1981

Kröger, Heinrich, (Hrsg); Plattdüütsche Predigten ut us Tied, Leer 1977

Kröger, Heinrich, Ein Nordfriese in Niedersachsen, Pastor Heinrich Hansens literarische Wirkung, in: Nordfriesland 38/39, 10. Band, 2. und 3. Heft

Kröger, Heinrich, Klaus Groth und die plattdeutsche Bibel, in: Quickborn, 67. Jg.,1977

Kröger, Heinrich, Pastor Heinrich Hansen, ein Wegbereiter zur plattdeutschen Verkündigung, in: Nordfriesland 34, 9. Band, 2.Heft

Kröger, Heinrich, Plattdeutsch auf der Möllner Lehrkonferenz, Manuskript

Kupisch, Karl, Die Deutschen Landeskirchen im 19. und 20. Jhdt. in: Die Kirche in ihrer Geschichte, 2. Aufl. Göttingen 1975, Bd, 4, Lfg R2

Luther, Martin Sendbrief vom Dolmetschen, Gesammelte Werke in 6 Bänden, München 1968[3]

Luther, Martin, Die Gantze Heilige Schrift Deudsch, Wittenberg 1544, Nachdruck Darmstadt 1972

Moritzen, Joh., Wandlungen im Kirchenwesen, ungedruckter Vortrag, Kiel im Dezember 1976

Muuß, Rudolf, Plattdeutsche Choräle, in: Quickborn 18, Hamburg 1924/25

Muuß, Rudolf, Dat Niee Testament Plattdüütsch, Breklum 1975

Muuß, Rudolf, Niederdeutsch im Gottesdienst, in: Niederdeutsch, hrsg.v. Richard Mehlem und Wilhelm Seedorf, Hannover 1957

Paulsen, Johannes. (Hrsg), Dat nie Testament von unsen Herrn un Heiland Jesus Christus na de plattdütsche Oversettung vun Dr. Johann Bugenhagen, Kropp 1885

Scholder, Klaus, Die Kirchen und das Dritte Reich, Frankfurt, Berlin, Wien 1977

Schröder, Gerhard, Erinnerungen an Johannes Jessen, den plattdeutschen Bibelübersetzter, in: De Kennung 3, Hermannsburg 1980

Schröder, Gerhard, Johannes Jessen, der plattdeutsche Bibelübersetzer, in: Kirche der Heimat, 36.Jg, Nr.23 Dez.1960

Schröder, Gerhard, Noch einmal Johannes Jessens plattdeutsches Neues Testament, in: Für Arbeit und Besinnung, Kiel 1951

Sleswig-Holsteener Bund (Hrsg), Veer plattdüütsche Predigt'n hol'n an'n Sleswig – Holsteener Dag in Flensborger Karken, Flensburg 1920

Speckmann, Edwin, Plattdeutsche Bibel, In: Hamburgische Kirchenzeitung, Nr 12, 1937

Stoltenberg, Theodor, Plattdütsch Gesangbook, Schleswig 1921

Strasser, Ernst, Jessen, Dat Ole un dat Nie Testament in unse Moderspraak, (Rez.) in: Theol. Literaturzeitung, Leipzig 1938

Thomsen, G., Dat Nie Testament in unse plattdütsche Modersprak, in: Ansgar Bote, Kiel,4.6. 1933

Voss, Ernst, Das plattdeutsche Neue Testament für Mecklenburg, in: Sprache, Dialekt, Theologie, Göttingen 1979

Voss, Ernst, Dat Ni Testament för plattdütsch Lüd in ehr Mudderspraak öwerdragen, Britische und Ausländische Bibelgesellschaft, Berlin 1929.

Westphal, Carl, Dat nie Testament in unse Modespraak, in: Niederdeutsche Welt, Jg 8, 1933

Außerliterarische Quellen

Gespräch des Verfassers mit P. i. R. Gerhard Schröder, Thumby in 1977

Archiv des Landeskirchenamtes Kiel, Akte Johannes Jessen

Gespräch des Verfassers mit Pastor i. R. Johannes Moritzen in 1977

Gespräch des Verfassers mit Bernd Gottfriedsen in 1977

Handakte Johannes Jessen, Archiv Vandenhoeck & Ruprecht, Göttingen

Printed by Books on Demand GmbH, Norderstedt / Germany